Le Bouddhisme

pour les nuls

en 50 notions clés

Marine Manouvrier

FIRST
Editions

Dans ce livre, Marine Manouvrier fait un travail très important parce qu'elle accepte la difficulté qu'il y a à comprendre le bouddhisme. Elle ne cherche pas une table, là où il n'y en a pas. Du coup, la lecture de son livre est aussi vivifiante qu'éclairante et rendra d'immenses services à ceux qui veulent découvrir le bouddhisme.

Marine Manouvrier possède deux atouts précieux pour réussir cette tâche.

La première : elle a une connaissance très fine des enjeux de la philosophie occidentale. J'ai bien conscience de dire ici quelque chose qui ne peut que surprendre. En quoi la connaissance de la philosophie occidentale est essentielle pour comprendre le bouddhisme ? Pour une raison toute simple, vous êtes alors conscients que nombre des termes que vous employez ont une histoire particulière. On ne peut pas employer les termes d'essence, d'idée, de théorie, de cause, sans être marqué, consciemment ou non, par l'héritage platonicien et aristotélicien. Les notions de droit et de liberté renvoient chez nous nécessairement à la manière dont elles ont été travaillées par les Lumières.

Il y a une seconde raison à la vertu de ce livre : son auteur a une expérience de la pratique de la méditation conséquente. Cette affirmation peut aussi surprendre. Pendant longtemps, il y a eu un profond divorce entre d'une part des pratiquants, rarement soucieux de rigueur intellectuelle et de raison, et de l'autre, des experts en « bouddhologie » qui avaient sur l'objet de leur recherche une connaissance certes pointue, mais tout à fait abstraite, et pour ainsi dire morte.

En lisant le livre de Marine Manouvrier, qui dirige l'Ecole Occidentale de Bruxelles, j'ai retrouvé son souci d'un enseignement qui soit très simple, accessible à tous, mais sans renoncer pour autant à l'exigence de penser ce qui est en question avec finesse.

Elle assume ainsi l'exigence de rationalité occidentale, d'un savoir qui s'interroge et interroge ses sources sans nier l'expérience spirituelle la plus simple et la plus profonde.

En ce sens, ce livre est vraiment aussi unique que précieux. Ce n'est pas une introduction de plus, mais un travail pour entrer en intelligence avec la tradition bouddhiste, pleine de merveilles et de questionnements.

Fabrice Midal

Introduction

Voilà environ cent cinquante ans que le bouddhisme est étudié en Occident. Chasse gardée des sanskritistes et des spécialistes d'études orientales au XIXe siècle et à l'aube du xxe, le bouddhisme suscite un intérêt croissant chez les esprits curieux depuis l'arrivée en Occident des maîtres tibétains ayant fui le Tibet à la suite de son invasion par la Chine (1950), les voyages fréquents des occidentaux en Asie et la publication de nombreux ouvrages de vulgarisation.

L'histoire du bouddhisme est l'histoire d'une acculturation : Inde, Chine, Tibet, Asie du Sud-Est, Japon ; à chaque fois, les pratiquants du bouddhisme ont trouvé une voie originale pour présenter les enseignements du Bouddha de telle manière qu'ils puissent être entendus dans les lieux où ils avaient essaimé.

Aujourd'hui, en Occident, le temps est venu d'étudier, de penser et de transmettre les enseignements du Bouddha depuis un sol occidental. Ces enseignements sont une description de l'expérience humaine extraordinairement fine, et nous gagnerions à les faire dialoguer avec les grands penseurs de notre temps qui se sont attelés à la même tâche, qu'ils soient philosophes, poètes ou peintres.

Tel le bouddhisme, ce livre est un chemin. Il a pour vocation de débroussailler les grandes notions clés du bouddhisme et d'en dépoussiérer le sens. Celui qui y engage ses pas est invité à le parcourir dans l'ordre ou dans le désordre, selon qu'il cherche une progression ou des éclaircissements sur une notion de manière ponctuelle. Toutes les notions peuvent donc être lues indépendamment les unes des autres, le système de renvoi permettant d'établir rapidement les liens nécessaires. Chaque notion est expliquée de manière simple et directe, sans rien céder à la facilité. L'exigence de rigueur est le meilleur rempart contre les dérives de la fascination pour l'exotisme, cause des plus grandes mécompréhensions quand il s'agit des notions clés du bouddhisme.

Puisse ce livre transmettre l'étincelle du *dharma* à quiconque le tiendra entre ses mains.

1

Le bouddhisme, une philosophie ? Une religion ? Ni l'une ni l'autre !

Cette question est *la* question récurrente quand il s'agit du bouddhisme. Il va pourtant falloir s'en détacher rapidement si nous voulons comprendre quelque chose à ce qui est nommé « bouddhisme », car cette question nous en éloigne fortement. Voyons pourquoi…

Une religion ?

Si le bouddhisme est régulièrement rangé dans la catégorie des « religions », sans doute est-ce parce qu'il contient bien des éléments qui sont habituellement constitutifs d'une religion : des rites, des monastères, des prescriptions morales…

Il en diffère pourtant radicalement, car le bouddhisme est une tradition non théiste ; il ne reconnaît aucun Dieu transcendant ou créateur. Cette voie n'a d'ailleurs pas de vocation sotériologique, c'est-à-dire qu'il n'y a ni intercesseur divin ni salut promis à qui la pratique.

Si le Bouddha montre un chemin qui mène à la libération de la souffrance, il revient au pratiquant, et à lui seul, de l'emprunter. Le Bouddha invite d'ailleurs ceux qui écoutent ses enseignements à les examiner soigneusement avant de les faire leurs, s'ils leur semblent justes et bénéfiques.

Une philosophie ?

Appeler le bouddhisme une « philosophie », c'est oublier que la philosophie a un berceau, la Grèce, et un lieu de déploiement, l'Occident. L'exercice philosophique est lié à une histoire particulière que le bouddhisme, né en Inde, ne partage pas.

La philosophie donne du sens au monde dans lequel nous vivons en passant par la raison ; elle explique son ordonnancement. Le philosophe assemble ce qui va ensemble, sépare ce qui doit l'être et ainsi organise le savoir. Cette *explication* permet à l'homme d'entrer en rapport avec la réalité et ainsi d'habiter le monde qui est le sien.

Les bouddhistes partagent bien avec les philosophes le désir d'entrer en relation avec la réalité, mais le chemin qu'ils empruntent pour y arriver est différent.

Mais alors, qu'est-ce que le bouddhisme ?

Pour s'accorder au réel, les pratiquants bouddhistes ne passent pas par la médiation de la pensée. Ils n'usent pas du discours pour élaborer des théories, pour dire quelque chose du réel ou l'organiser.

Comment font-ils alors pour entrer en rapport avec la réalité ? Ils ne font rien !

Voilà qui est un brin provocateur mais pourtant très exact. **Pour entrer en rapport avec le réel, ceux qui suivent la voie du Bouddha s'assoient et ne font rien. Ils *méditent*. Il s'agit ainsi de travailler sur le réel tel qu'il est, de manière directe, sans médiation.**

Au lieu de ramener ce qui est inconnu (le bouddhisme) au connu (la religion, la philosophie, une méthode de développement personnel…), choisissons plutôt d'étudier le bouddhisme comme une voie ou un chemin (***dharma***) traditionnel dont le cœur est la pratique de la **méditation**.

Pour aller plus loin : Méditation – *Dharma* – Une voie laïque.

Le bouddhisme, une philosophie ? Une religion ? Ni l'une ni l'autre !

L'essentiel en 5 secondes

- Le bouddhisme est une tradition non théiste.
- Le bouddhisme est un chemin pour entrer en rapport avec la réalité telle qu'elle est.
- La pratique de la méditation est au cœur du bouddhisme.

2

Qui est vraiment le Bouddha ?

Il est malaisé de faire le partage entre la figure mythique du Bouddha et la vérité historique. Il n'y a pas de doute pourtant que Siddhârta Gautama, dit Shakyamuni (le sage du clan des Shakyas), vécut il y a vingt-six siècles, assez de documents historiques l'attestent. Mais il nous importe plutôt de montrer quelles étapes décisives de sa vie l'ont amené à interroger l'existence humaine d'une manière radicale.

La jeunesse d'un prince

Aux environs de 560 avant notre ère, dans un petit royaume appelé « Kapilavastu », situé au pied de l'Himalaya, naît Siddhârta Gautama. À sa naissance, des sages prédisent que Siddhârta sera un être qui bouleversera le cours des choses : sera-t-il le successeur de son père – seigneur de la lignée Shakya ? Ou quittera-t-il les siens pour être un renonçant ?

Sa jeunesse doit beaucoup à cette prédiction, car son père, craignant qu'il ne le quitte, ménage pour Siddhârta une vie faite de douceur, de beauté et de divertissements ; il le tient ainsi éloigné de ce qui fait la pénibilité de la vie humaine.

Devenu jeune homme, Siddhârta désire rencontrer le monde et sortir de l'enceinte protectrice du palais de son père. Il va alors faire quatre rencontres décisives.

Les quatre rencontres décisives

La première rencontre est celle d'un vieillard. Siddhârta découvre un homme courbé, les cheveux blancs, sa peau ne cachant plus rien de son squelette et son sourire laissant apparaître une bouche édentée. Il demande à ce que l'on nomme ce qu'il voit et ne comprend pas : **la vieillesse.** Cette rencontre lui apprend que la vie est mise à l'épreuve du temps et qu'elle a une fin vers laquelle tous les êtres vivants se dirigent.

Cette effraction dans son quotidien protégé va le pousser à chercher plus loin. Lorsque son chemin croise celui d'un homme dont les signes de **la maladie** couvrent le corps, il reste stupéfait, car il n'a jamais vu que des personnes en bonne santé. L'homme gît dans la douleur sur un grabat taché d'excréments. Siddhârta comprend alors que le corps peut être avili, même sans que le temps en soit la cause.

Il poursuit sa route, et, arrivé près d'un fleuve, il voit un radeau sur lequel repose un corps inerte. Une personne met le feu au radeau et le pousse vers le milieu du fleuve. Siddhârta vient de rencontrer **la mort**. Après avoir rencontré la vieillesse, la maladie et la mort, il comprend que ces expériences sont constitutives de la vie humaine.

Quelque temps plus tard, Siddhârta va rencontrer un homme assis simplement en lotus, imperturbable malgré l'agitation alentour. Cet homme est **un ascète** qui s'adonne à des pratiques méditatives afin d'essayer de tenir la souffrance à distance. Après le désespoir causé par les trois premières rencontres, la quatrième indique à Siddhârta qu'un chemin pour se libérer de la souffrance est peut-être possible.

Le renoncement

Une fois de retour au palais, Siddhârta retrouve sa femme et son nouveau-né, mais ces quatre rencontres ne cessent de hanter son esprit. Réveillé au milieu de la nuit, il regarde le spectacle des corps endormis et n'y voit que de futurs cadavres. Il décide alors de quitter définitivement le palais et de mener une vie d'ascète afin de trouver un moyen pour libérer tous les êtres de la souffrance inhérente à leur existence.

C'est ainsi qu'il rejoint un groupe de cinq renonçants dont il va partager la vie d'extrême austérité. Les **mortifications** qu'il impose à son corps durant sept années l'emmènent aux portes de la mort, lorsqu'un jour il manque de se noyer dans la rivière où il se baignait. Péniblement sorti des flots, il reste échoué sans force sur la berge jusqu'à ce qu'une jeune femme lui apporte un bol de riz au lait pour lui donner quelque force. Au terme de ces longues années de jeûne, Siddhârta sent l'effet reconstituant de la nourriture dans son corps, comprend que ces mortifications engendrent plus de souffrances qu'elles ne l'en éloignent et qu'il s'est égaré dans cette voie ascétique.

Il quitte alors ses compagnons de renoncement, s'assied en lotus au pied d'un pipal (une sorte de ficus) et prend l'engagement de ne plus bouger de son coussin d'herbe tant qu'il n'aura pas vaincu toutes les causes de la souffrance.

L'Éveil

LE SAVIEZ-VOUS ?

Au cours de la nuit qui suit, Siddhârta atteint l'Éveil après avoir résisté aux attaques de Mâra (une déité maléfique), qui cherchait à détourner son attention de sa méditation. Mais Siddhârta est solide et droit dans sa posture et ne craint pas les tentatives perturbatrices de Mâra. Au lieu de se laisser distraire par elles, **il pose le bout des doigts de sa main droite sur la terre.** Ce geste est fondamental et préfigure la radicalité de son enseignement, car il indique que la vérité ne se gagne pas en se tournant vers le ciel. Au lieu de pointer un sauveur transcendant, il prend simplement la terre à témoin, elle qui est le symbole le plus évident de la réalité telle qu'elle est. La vérité se trouve partout et il est possible pour l'être humain d'avoir un rapport direct avec elle, voilà ce que dit ce geste.

C'est à ce moment-là que Siddhârta devient Bouddha, « l'Éveillé ». Il a vu et vaincu ce qui conditionne la souffrance humaine : l'attachement, l'agression et l'ignorance. Il s'est éveillé à la réalité telle qu'elle est.

Pendant les sept semaines qui suivirent, le Bouddha pratiqua la méditation et s'interrogea sur la possibilité d'enseigner la vérité à laquelle il venait de s'éveiller. La légende raconte que Brahma (un dieu issu de l'hindouisme) sollicita son enseignement. Ce passage est intéressant, car il souligne la nécessité à laquelle est soumis le Bouddha : il est appelé à enseigner. Son désir ardent de libérer tous les êtres des chaînes qui perpétuent la souffrance finit de le décider.

Il part alors rejoindre ses cinq anciens compagnons de renoncement et prononce son premier enseignement devant ceux qui deviennent ainsi ses premiers disciples. De manière symbolique, les enseignements du Bouddha sont appelés des « Tours de Roue ». Lorsque le Bouddha enseigne, il tourne la roue du *dharma* : cela veut dire qu'il donne l'impulsion nécessaire pour que le chemin vers l'Éveil qu'il a découvert se diffuse au plus grand nombre.

Il y aura trois grands cycles d'enseignement qui seront appelés les trois **Tours de Roue** et qui sont autant de déclinaisons de la voie qui mène à l'Éveil.

Pour aller plus loin : *Dharma* – Nobles Vérités (notions 8, 9, 10)– Les trois Tours de Roue et les Trois Véhicules.

Qui est vraiment le Bouddha ?

L'essentiel en 5 secondes

- Le Bouddha est un homme et non un dieu sauveur.

- Il atteint l'Éveil après s'être engagé à trouver la voie qui libérera tous les êtres de la souffrance.

- La voie qu'enseigne le Bouddha se décline en trois Tours de Roue (trois cycles d'enseignement).

3

Le corpus de textes : le Tripitaka

La tradition orale prévalant en Inde à l'époque de la vie du Bouddha, aucun des textes du canon bouddhique introduits ci-après ne lui est contemporain.

Les soûtras

La tradition rapporte que, un an après la mort du Bouddha historique, son cousin germain et plus fidèle disciple, Ananda, entreprit de réciter par cœur tous les **enseignements oraux** de l'Éveillé à l'ensemble de la communauté afin qu'ils soient retranscrits et qu'ainsi trace en soit gardée. Ces textes sont appelés les soûtras. Ils sont aisément reconnaissables, car ils commencent tous par la formule consacrée « Ainsi ai-je entendu… », par laquelle Ananda introduisait chacune de ses récitations. Cette formule a une valeur symbolique importante encore aujourd'hui, car elle rappelle à ceux qui étudient les soûtras que la transmission de la parole du Bouddha provient d'une lignée ininterrompue de maîtres et de disciples.

Le Vinaya

Ensuite, ce fut au tour du disciple Upali, connu pour son observance rigoureuse des règles monastiques, de transmettre un autre visage des enseignements en énonçant l'ensemble des règles auxquelles étaient soumis les moines bouddhistes. Ce **recueil de discipline** s'appelle le *Vinaya* et explique comment être attentif à chaque détail. Le *Vinaya* s'est constitué au fur et à mesure des questions concrètes auxquelles était confrontée la communauté monastique une fois le Bouddha disparu. Le *Vinaya* est considéré comme la transmission du corps du Bouddha, car il montre quelle est la conduite qu'un être éveillé doit adopter.

L'Abhidharma

Enfin vint le disciple Kashyapa, successeur désigné par le Bouddha à la tête de la communauté. Il transmit à celle-ci les **commentaires** relatifs aux enseignements du Bouddha, l'*Abhidharma*. L'*Abhidharma* est un enseignement *a posteriori*, car les commentaires se font depuis la pratique. Ils montrent comment les phénomènes apparaissent dans la pratique et aident ainsi le pratiquant sur le chemin. L'*Abhidharma* est la transmission de l'esprit du Bouddha, car il est le fruit de l'intelligence qui se déploie à partir de la pratique.

Les soûtras, le *Vinaya* et l'*Abhidharma* forment le canon bouddhique, aussi appelé le *Tripitaka* en sanskrit, ou les « trois corbeilles ». (Il existe trois canons historiques : le canon pali, constitué au Ier siècle avant notre ère à Ceylan, le canon chinois, apparaissant au VIe siècle de notre ère, et le canon tibétain, datant du XIIIe siècle.)

Pour aller plus loin : *Dharma* – Bouddha.

Le corpus de textes : le Tripitaka

L'essentiel en 5 secondes

- Les soûtras sont les transcriptions des enseignements oraux du Bouddha.

- Le Vinaya reprend toutes les règles monastiques qui indiquent aux moines une conduite à suivre.

- L'Abhidharma regroupe les commentaires des enseignements du Bouddha.

4

Le dharma : Bouddha montre un chemin

La métaphore du **chemin**, ou de la **voie**, est omniprésente pour illustrer ce qu'est l'existence humaine dans les enseignements bouddhistes. Comprendre pourquoi permet de comprendre ce qu'est le *dharma*, l'enseignement de ce chemin.

Un petit tour par la philo

Végétaux, animaux et êtres humains vivent. Ils ont tous les trois un lien avec ce que c'est qu'être, tout simplement car ils sont. Ainsi, il y a la manière d'être propre aux végétaux, la manière d'être propre aux animaux et la manière d'être propre aux êtres humains. La manière dont *est* un être humain est radicalement différente des deux autres. Pourquoi ?

Tout simplement car seul l'être humain se demande ce qu'est cette manière qu'il a d'être. Aristote, le premier, a montré qu'en plus de vivre, de sentir, de se souvenir, l'homme cherche un sens à son existence pour pouvoir l'habiter amplement. Il le fera sa vie durant, et seule la mort clôturera ce questionnement.

Mais que vient faire le *dharma* dans cette mise au point philosophique ?

Dans la vie de tous les jours, l'être humain a parfois bien des difficultés à rester en rapport avec le sens de son existence : il a comme le dit l'expression « la tête dans le guidon ». Pour le pratiquant bouddhiste, le *dharma* est ce qui lui permet de garder ce rapport à l'essentiel entièrement vivant.

Pour comprendre cela, nous allons faire un crochet étymologique et écouter ce que le mot dit de lui-même.

Trois sens du mot dharma

Notons tout d'abord que *dharma* n'est pas du tout un mot spécifique au bouddhisme : il fait partie du langage courant en sanskrit et a même plusieurs sens (la loi, le fait, le devoir, les choses…). Ce sont ces différents sens qui vont nous éclairer pour comprendre ce mot ; ils sont tous dérivés de la racine **dher*. Prenons le premier sens de *dharma* : **« la loi »**. Le *dharma* fait loi pour le pratiquant, car, à un moment donné de son existence, il s'impose véritablement à lui. Voyons maintenant en quoi *dharma* signifie aussi **« un fait »**, comme l'a d'ailleurs traduit **Chogyam Trungpa**, le maître tibétain exilé aux États-Unis qui a tant fait pour transmettre les enseignements du Bouddha de manière que les Occidentaux puissent les entendre. Comme un fait qui ne demande qu'à être constaté, le *dharma* n'appelle pas d'interminables discussions. De la même manière, le sens de **« devoir »** pointe le même phénomène en l'accentuant encore : le *dharma* demande à être observé.

Suivre les enseignements du dharma et s'accorder à son existence

Celui qui suit les enseignements du Bouddha entame ce chemin empli d'attentes, d'espoirs, de rêves. En pratiquant la méditation, il est mis face à ses attentes et à sa confusion – il les observe, y porte attention. Il apprend à se poser et à entrer en rapport avec le réel, c'est-à-dire avec les faits, avec la plus simple réalité qui s'impose à lui. Mais il ne va pas faire que l'observer : il va aussi apprendre à ne plus la travestir, à ne plus s'illusionner à son sujet. En un mot, il va s'y accorder. **Et le *dharma*, c'est cela : ce qui permet à l'être humain d'accorder son existence à la réalité. En s'engageant dans le *dharma*, c'est dans son existence que l'être humain s'engage.**

Pour **Chogyam Trungpa**, ce chemin est donc toujours « une expédition en terre inconnue », inconfortable du fait des surprises qu'il comporte, mais passionnant, car chaque instant est toujours entièrement neuf.

Pour aller plus loin : Méditation – Les trois Tours de Roue et les Trois Véhicules – Trungpa.

Le dharma : Bouddha montre un chemin

L'essentiel en 5 secondes

- Le bouddhisme enseigne un chemin pour qui désire apprendre à accorder son existence à la réalité telle qu'elle est. Ce chemin s'appelle le dharma.

- S'engager dans le dharma permet au pratiquant de garder un rapport vivant à ce qui fait le cœur de son existence.

- Le dharma est une voie de dissolution des illusions.

5

Prendre refuge

Dans la vie quotidienne, nous ne cessons de nous réfugier : certains dans le travail, d'autres dans la volonté de posséder toujours plus d'argent ou de biens, d'autres encore dans le plaisir. Nous nous identifions à ces objets de refuge et espérons ainsi être tenus éloignés de la douleur, de la souffrance, de l'ennui. Mais, au bout du compte, nous nous retrouvons complètement englués dans ce en quoi nous prenons refuge, et nous ne pouvons que constater que cela ne marche pas ainsi.

La prise de refuge dont il est question ici part de ce constat : cela ne marche pas ! Et parce que nous avons reconnu qu'il n'y a pas de refuge solide, permanent et stable, nous décidons de laisser tomber tout ce fardeau pour amener un peu d'espace dans nos vies qui en manquent tant.

Dans le bouddhisme, la personne ne prend pas refuge en quelque chose ou en quelqu'un qui la sauverait, répondrait à ses prières ou l'aiderait à oublier la souffrance du monde. Non, elle prend refuge dans le Bouddha, le *Dharma* et le *Sangha*, aussi appelés les Trois Joyaux du bouddhisme.

Nous prenons refuge dans le **Bouddha** non pas parce qu'il représente une puissance salvatrice ou une idole, mais parce qu'il incarne un **exemple** du chemin. Et cet exemple nous concerne en propre : nous pouvons nous y relier de manière très directe, car c'est le chemin d'un homme fait de chair et de sang comme nous.

Nous prenons refuge dans le ***Dharma***, qui est l'enseignement du chemin. Il s'agit d'une parole qui nous parle de comment sortir du mal-être et de la souffrance qui lui est liée. Elle fait directement sens dans notre propre existence et est en rapport avec notre expérience. À ce titre, il s'agit d'une **parole vivante**, et non ***d'un dogme déconnecté*** de la vérité de l'expérience.

Et enfin, nous prenons refuge dans le ***Sangha***, qui est la communauté de tous les pratiquants du bouddhisme. Ils ne sont pas des copains mais plutôt des **compagnons de route** qui rendent possible l'existence même du chemin. Le *Sangha* permet de faire l'épreuve de ce qu'est la fraternité.

La cérémonie dite de « la prise de refuge » est toute simple : une mèche de cheveux de la personne qui prend refuge est coupée afin de marquer un « avant » et un « après » dans son existence. Elle n'est pourtant pas ***vécue*** une fois pour toutes, comme dans le baptême chrétien par exemple. Elle se réitère chaque jour, tel un rappel. Cette cérémonie se déroule à un âge où le « réfugié » peut décider pour lui-même de son chemin de vie.

Cette prise de refuge a cela de paradoxal qu'elle invite à s'abriter, à **chercher secours en ce qui n'offre aucun abri**. Elle libère de la tendance que nous avons à vouloir fixer notre identité sur quelque chose. Il ne s'agit pas d'ajouter l'étiquette « bouddhiste » à toutes les autres (papa, fille, sportif, publicitaire, avocat, etc.), mais bien de ***guérir*** cette tendance habituelle à vouloir appartenir à une catégorie. **Cela a pour effet de libérer la possibilité d'un chemin**. Car quand tout est fixé d'avance, il n'y a plus d'espace pour qu'arrive l'inattendu, le neuf. Or, en s'abritant dans ce qui n'offre aucun refuge, le champ des possibles s'ouvre radicalement.

Pour aller plus loin : Bouddha – *Dharma*.

Prendre refuge

L'essentiel en 5 secondes

- Le pratiquant prend refuge en les Trois Joyaux (le Bouddha, le Dharma, le Sangha) lorsqu'il est en âge de décider pour lui-même du chemin de vie qu'il veut suivre.

- Cette cérémonie est simple et marque le moment où le pratiquant reconnaît qu'il n'y a en fait aucun abri où se sauver de la réalité.

- Le pratiquant prend refuge tous les jours, comme un rappel du sens qu'il veut donner à sa vie.

6

Les trois Tours de Roue et les Trois Véhicules

Après avoir atteint l'Éveil, le Bouddha décide – après avoir longuement médité – de transmettre son expérience. **Au long de ses quarante-cinq années d'enseignement, il va transmettre le *dharma* en trois grands cycles qui sont appelés les « Tours de Roue », la roue symbolisant le *dharma*.** Par trois fois, le Bouddha va mettre la roue du *dharma* en mouvement et ainsi permettre à son enseignement de se déployer.

Au premier Tour de Roue, le Bouddha enseigne ce que sont les **Quatre Nobles Vérités**. Le deuxième Tour de Roue est consacré à l'enseignement sur la **vacuité**, et le troisième Tour de Roue proclame que la nature même de tout être est d'être éveillé, ce qui appelé dans la tradition « la nature de Bouddha » ou le ***tathagatagarbha.***

À ces cycles d'enseignement correspondent trois attitudes sur le chemin, trois « véhicules » dont nous aborderons plus loin les notions respectives, les trois *yanas* : **Hinayana** (le Petit Véhicule), **Mahayana** (le Grand Véhicule) et le **Tantra** (aussi appelé « Vajrayana » – « véhicule de diamant »). Le mot *yana* signifie « véhicule » ; nous retrouvons ainsi l'image traditionnelle, déjà évoquée avec la roue, de l'enseignement du Bouddha, qui emmène ceux qui le suivent de la rive de la souffrance à celle de la libération.

Il est important de garder à l'esprit **qu'il n'y a pas de préséance d'un « véhicule » sur l'autre. Ils annoncent différentes déclinaisons de la voie bouddhiste qui s'interpénètrent et s'enrichissent entre elles.**

Pour aller plus loin : *Dharma* – Hinayana – Mahayana – Tantra – Nobles Vérités (notions 8, 9, 10)– Vacuité – Tathagatagarbha.

Les trois Tours de Roue et les Trois Véhicules

L'essentiel en 5 secondes

- L'image de la « roue » symbolise l'enseignement du Bouddha, tel un véhicule emmenant ceux qui l'écoutent de la rive de la souffrance à la rive de la libération.

- Le Bouddha va donner trois grands cycles d'enseignement, nommés les trois « Tours de Roue ».

- Ces Tours de Roue ont généré trois courants : le Hinayana, le Mahayana et le Tantra (appelé aussi « Vajrayana »).

7

Le Hinayana : la voie de la discipline vigilante

7

La porte d'entrée dans la voie bouddhiste

Hinayana signifie littéralement « Petit Véhicule ». Il n'a rien de petit ou de négligeable. Il a simplement été désigné ainsi au moment de l'apparition du *Mahayana* (« Grand Véhicule ») pour distinguer les deux voies. Cela étant dit, il faut tout de suite insister sur l'importance cruciale du Hinayana : **il est la porte d'entrée de la voie du Bouddha**. Les enseignements du Hinayana portent sur les **Quatre Nobles Vérités** et l'**Octuple Sentier** (nous expliquerons en détails ces notions après celle-ci). Les pratiques qui lui sont attachées ont pour vocation d'établir chez le pratiquant un sol fertile pour toute la suite de son parcours.

Quand un être humain constate que son existence est faite de souffrances dont il n'arrive pas à se départir même dans les moments de joie (ce qui est nommé le ***samsara***), il est probable qu'il se mette à chercher la cause de cette souffrance pour l'éradiquer. Ce geste inaugure le début de la route spirituelle. Dans le bouddhisme, elle sera marquée par la **prise de refuge**, comme nous l'avons vu.

Voir la souffrance, en chercher l'origine et y travailler

Le Petit Véhicule est un chemin très précis et balisé, avec des choses à faire et d'autres à ne plus faire. Le pratiquant met au fond directement les mains dans le cambouis de son existence. Il apprend à voir là où cela déraille. Il n'est pas possible en effet d'apporter un quelconque changement sans une longue méditation sur les processus qui mènent à la souffrance. À un moment donné, il faut y regarder de plus près, avec bienveillance, mais se confronter tout de même à ce qui fait mal ! Si cette étape est accomplie avec désinvolture, le risque est grand d'adopter une voie spirituelle comme autant de gris-gris que l'on porte autour du cou en espérant des jours meilleurs. Cette Voie ne serait plus alors qu'une nouvelle manière de consommer ; c'est ce qu'a le premier dénoncé le maître tibétain **Chogyam Trungpa** (notamment dans le livre *Pratique de la voie tibétaine : Au-délà du matérialisme spirituel*).

Le *Hinayana* est le moment sur la Voie où le pratiquant découvre les Quatre Nobles Vérités et le **non-ego**. Il va cultiver un état d'esprit propre à **éviter la confusion et agir en ayant à cœur de ne causer de peine à quiconque**. C'est ainsi qu'il va s'astreindre à **une discipline de vie** qui lui apprendra à se tenir droit dans son existence, au sens propre comme au sens figuré. Invité par la **méditation** à revenir constamment à la pratique, il entre ainsi de manière très immédiate dans la chair de son existence.

Il y a divers types de pratiquants du Hinayana. Tout d'abord les *shravakas*, qui sont des « auditeurs », comme l'indique la traduction de ce mot, c'est-à-dire qu'ils entrent sur la Voie en écoutant les paroles du Bouddha, qui proclame le ***dharma***. Il y a ensuite les *pratyekas*, qui sont des pratiquants solitaires, et enfin les ***arhats***, qui sont, au terme du voyage, vainqueurs de toute confusion.

Pour aller plus loin : Bouddha – *Samsara* – Prise de refuge – *Dharma* – Mahayana – Non-ego – Nobles Vérités (notions 8, 9, 10) – Méditation – *Arhat*.

Le Hinayana : la voie de la discipline vigilante

L'essentiel en 5 secondes

- L'importance du Hinayana est cruciale : il est la porte d'entrée dans le bouddhisme.

- Les enseignements du Hinayana portent sur les Quatre Nobles Vérités et sur l'Octuple Sentier.

- Le pratiquant du Hinayana suit une discipline de vie qui a pour vocation d'éliminer la confusion, source de la souffrance.

8

La Première Noble Vérité

L'enseignement que le Bouddha transmet à ses premiers auditeurs s'appelle les Quatre Nobles Vérités. La première d'entre elles, celle qui marque donc l'entrée sur le chemin, est celle de la souffrance. Le Bouddha éveille ses auditeurs à cette modalité qui est inhérente à l'existence humaine : **tout est souffrance, de la naissance à la mort en passant par la maladie et la vieillesse.**

La souffrance, ou le mal-être généralisé

Mais quelle est cette souffrance ? Pour bien comprendre, il faut faire un détour étymologique et se pencher sur la signification de *dukkha* en sanskrit. -*Kha* signifie « ce qui permet de tourner », « le moyeu d'une roue », et *dhu*- indique que cela ne tourne pas comme cela devrait, un peu comme le grain de sable qui enraye le bon fonctionnement du processus.

Nous ne sommes jamais entièrement heureux : si nous avons un travail qui nous plaît énormément, peut-être que notre situation amoureuse est pénible, ou encore nous trouvons que nous manquons d'argent ; peut-être encore que, au moment où nous pensions avoir atteint une certaine stabilité, voilà que la maladie s'empare de nous. Bref, nous ne sommes jamais entièrement satisfaits, il y a toujours un petit caillou dans la chaussure que nous essayons, sans succès, d'éliminer.

Dans son premier enseignement, le Bouddha distingue trois types de souffrance. Le premier type est lié à la naissance, à la maladie, à la vieillesse et à la mort. Cela concerne toutes les souffrances physiques, qui nous causent bien du

> Le **Bouddha** dit : « Cessez de croire que vous pourrez échapper à la souffrance et à l'insatisfaction permanente. L'espoir d'une situation meilleure et la peur de nouveaux tourments chevillent la souffrance à l'existence humaine. Voilà le premier constat qui a engagé, engage et engagera tous ceux qui marchent sur la Voie. »

tourment. Le deuxième type est celui de la douleur psychologique. Cette douleur est liée à la frustration de ne pas obtenir ce que l'on désire, à la répulsion d'être uni à ce que l'on déteste et au fait de ne pas savoir ce que l'on veut à un niveau très profond. Le troisième et dernier type de mal-être est lié au fait que joies et peines sont toujours inextricablement mêlées : aucune situation n'est jamais pleinement satisfaisante, simplement parce qu'elle ne durera pas.

Pour aller plus loin : *Dharma* – Les trois Tours de Roue et les Trois Véhicules – Nobles Vérités (notions 8, 9, 10).

La Première Noble Vérité

L'essentiel en 5 secondes

- Aucun être vivant n'échappe à la vérité de la souffrance.
- Il y a la souffrance physique (naissance, maladie, vieillesse, mort), la souffrance psychologique (l'insatisfaction permanente) et la souffrance qui a trait à l'impermanence (rien ne dure).
- Cette vérité est cachée par la peur de la souffrance et l'espoir qu'elle cesse.

9

La Deuxième Noble Vérité

Après le constat étourdissant auquel nous confronte la Première Noble Vérité, le Bouddha va en expliquer l'origine (*samudaya*) dans la deuxième. Que constate-t-il ? **Nous souffrons parce que nous nous nourrissons constamment de « trois poisons »** (*trivisa).*

Le premier *poison* (*trishna*) est généralement traduit par « passion », mais il s'agit plutôt d'**une soif inextinguible**, d'un désir qui ne s'assouvit jamais, car il est toujours remplacé par un autre. La souffrance est ici cette insatisfaction profonde, alimentée par l'espoir, qui empêche l'être humain de se relier à ce qui est parce qu'il se projette toujours dans un « ailleurs », dans un « demain », dans un « pourvu que ».

Le deuxième poison (*dvesa*) est quant à lui traduit par « aversion ». Il fait référence au mouvement de **rejeter loin de soi tout ce qui déplaît, dérange, irrite**. Cette peur face à ce que nous détestons ou à ce qui nous agresse renforce et crispe encore plus la difficulté, alors que l'accueillir pour ce qu'elle est la dissout.

Enfin, le troisième poison (*avidya*) est **l'ignorance, l'aveuglement, qui nous empêche de regarder dans la bonne direction**. L'ignorance est liée à la volonté de préserver mordicus notre vision du monde où tout est séparé, catégorisé, figé. Elle nous empêche d'être ouverts à ce que nous sommes, ainsi qu'au monde et aux autres. Notre esprit discursif étiquette tout avant même que nous ayons pu faire véritablement l'expérience de ce qui nous arrive.

Pour aller plus loin : *Dharma* – Les trois Tours de Roue et les Trois Véhicules – Nobles Vérités (notions 8, 9, 10).

La Deuxième Noble Vérité

L'essentiel en 5 secondes

- L'origine de la souffrance est à chercher dans les trois poisons : passion, aversion et ignorance (voilà la Deuxième Noble Vérité).
- La passion est une insatisfaction inextinguible.
- L'aversion est le rejet de tout ce qui nous irrite.
- L'ignorance est liée à la puissance aveuglante de la volonté, qui nous empêche de voir le monde tel qu'il est.

10

Les Troisième et Quatrième Nobles Vérités

Le Bouddha est un médecin

La métaphore du médecin est souvent proposée pour expliquer le rôle du Bouddha dans la libération des êtres à l'égard de la souffrance. Tout d'abord, il pose le diagnostic en constatant la souffrance et son origine ; ensuite, il montre qu'il y a un état dépourvu de souffrance – et donc un état de santé – qui est celui de chaque être primordialement ; et il indique enfin quel est le chemin pour atteindre cet état de santé originel.

La souffrance peut cesser

La Troisième Noble Vérité est donc la bonne nouvelle : **il est possible que cette souffrance chronique cesse** (*nirodha*). Pour cela, le pratiquant va au long de la Voie couper toutes les entraves qui le tiennent éloigné de la cessation de la souffrance. Ces entraves auxquelles il faudra renoncer sont au nombre de dix : 1) la croyance en une identité personnelle ; 2) le doute ; 3) l'attachement aux rites et aux règles ; 4) la définition de soi-même selon le désir ou la recherche de la satisfaction ; 5) l'aversion ; 6) le monde de la forme ; 7) les états extatiques ; 8) l'intellect corrompu ; 9) l'agitation ; 10) l'aveuglement.

Comme cette cessation est progressive, la quatrième Noble Vérité va indiquer **le chemin (*marga*) qui mène à cet arrêt**. Le Bouddha a cela de particulier qu'il a la faculté d'enseigner à partir de ce que peut comprendre son auditeur. Ses enseignements ne sont donc pas doctrinaires mais toujours en rapport avec une situation précise, avec l'assemblée qui l'écoute. Lors du premier Tour de Roue, le Bouddha s'adresse aux renonçants avec qui il a mené de longues pratiques ascétiques. Il va leur montrer un chemin qu'ils pourront arpenter pour suivre la voie de la libération.

Le cœur de la souffrance, nous l'avons vu, est le manque d'attention à ce qui est, tel qu'il est. L'espoir, la crainte, l'aversion, la soif, l'aveuglement nous dévient systématiquement de la réalité pour nous emmener dans un monde entièrement fabriqué par l'esprit. Partant de ce constat, **le Bouddha va proposer de cultiver des attitudes, des dispositions qui sont bénéfiques pour tenir la confusion à distance**.

L'Octuple Sentier

Ces dispositions sont au nombre de huit, d'où le nom d'*Octuple Sentier*. Les voici :

- La compréhension juste ou le discernement (prajña) permet de déterminer les causes de la souffrance et de s'en tenir éloigné.
- La pensée juste est le fait de privilégier les pensées qui invitent à la bienveillance, à l'équanimité (état d'égalité d'esprit), à la générosité et à la compassion.
- La parole juste évite le bavardage, aussi pénible qu'inutile, et favorise un dire qui soit en rapport avec la vérité.
- L'action juste ou la conduite appropriée (shila) consiste à développer une attitude éthique au quotidien, à faire en sorte que nos actes reflètent notre engagement sur le chemin de l'Éveil.
- Les moyens d'existence justes : choisir une profession qui ne va pas à l'encontre de la voie que nous empruntons.

> « Le chemin est une aventure dans la jungle du *samsara*. »
>
> **Chogyam Trungpa**

- L'effort juste : trouver l'équilibre entre des mortifications ascétiques et la fainéantise.
- L'attention juste est cette faculté que nous cultivons pendant la méditation.

- La méditation juste ou l'unité profonde (samadhi) est le fruit de la pratique de la présence attentive.

Pour aller plus loin : *Dharma* – Les trois Tours de Roue et les Trois Véhicules – Nobles Vérités (notions 8, 9, 10) – L'action juste (*shila*) – La compréhension juste (*prajña*) – La méditation juste (*samadhi*) – Présence attentive (*shamatha* et *vipashyana*) – Hinayana.

Les Troisième et Quatrième Nobles Vérités

L'essentiel en 5 secondes

- La Troisième Noble Vérité pose un nouveau constat : il est possible que la souffrance cesse.

- Il faut pour cela éliminer toutes les causes de la souffrance.

- La voie d'extinction des causes de la souffrance est annoncée par la Quatrième Vérité et s'appelle l'« Octuple Sentier ».

11

L'action juste (shila)

Une discipline pour se libérer de ce qui entrave

S'engager dans la voie qu'a montrée le Bouddha, c'est s'engager à apprendre à se défaire de tout ce qui nous empêche d'entrer en rapport avec la réalité de manière très directe. C'est apprendre à laisser tomber les projections, les illusions, tout ce que l'on croit très solide. Il y a quelque chose à abandonner, et c'est difficile. C'est pourquoi le chemin commence avec l'**Octuple Sentier**, qui est un entraînement à dépasser tout ce qui nous détourne de la Voie et tout ce qui nous entrave. Ces entraves sont appelées en sanskrit les cinq *kleshas*, et le mot sanskrit nous parle bien, car *klesh-* signifie « pincer ». Dans ces cinq *kleshas*, nous retrouvons les trois poisons – la passion (ou le désir comme soif inextinguible), l'aversion et l'ignorance –, auxquels s'ajoutent l'orgueil et la jalousie.

La première chose à faire, c'est adopter une discipline de vie qui nous garde du divertissement : voilà *shila*. *Shila* signifie « conduite » et est souvent traduit par « discipline ». Il faudrait pouvoir entendre cette notion comme **« la conduite appropriée »**, voire « la conduite éthique ». Il s'agit ici d'apprendre à ne plus voler comme un fétu de paille soufflé au gré des événements heureux ou malheureux de la vie. Il y a bien à tenir quelque chose : il y a à *se* tenir.

Apprendre à se tenir droit par le corps, la parole et l'esprit

Nous commençons par adopter une conduite appropriée du corps. Par la pratique de la méditation, nous entrons en familiarité avec l'immobilité et apprenons à laisser tomber l'agitation, et à tenir droit. Hors de la pratique de la méditation, nous portons aussi soin à la manière dont nous nous tenons. Au lieu de nous traîner dans l'existence, de nous recroqueviller sur nous-mêmes, **nous apprenons à devenir droits, dignes et décents.**

Ensuite, une attention particulière est portée à la parole. Il s'agit d'adopter une attitude éthique quand nous parlons, d'éviter de mentir bien sûr, mais aussi et surtout de s'abstenir du bavardage. Utiliser la parole comme un déversoir à tout ce qui nous passe par la tête, comme un moyen de nous débarrasser de nos états d'âme, voilà ce qu'il faut éviter. Faire attention à la parole, **c'est apprendre à énoncer clairement ce qu'il y a à dire en étant le plus possible en rapport avec la vérité d'une situation.**

Enfin, nous avons la conduite appropriée de l'esprit. Comme nous le verrons dans la notion consacrée à la **méditation**, nous pouvons nous entraîner à détecter les moments où notre esprit est parti battre la campagne en suivant le fil des pensées ou des émotions et les moments où l'esprit est bien présent. Ici, la discipline est de **s'entraîner à la présence d'esprit** tant en méditation que hors de la méditation.

« Le Bouddha parlait de *shila* comme d'une brise légère et fraîche se levant en milieu de journée ou par une chaude après-midi en Inde. En pratiquant la discipline dans cet esprit, nous constatons que notre turbulence mentale, nourrie d'hostilité, de ressentiment et d'amertume, commence à s'apaiser. Au lieu d'entretenir l'agitation, nous découvrons l'ouverture et la compréhension. Dès lors que nous envisageons la vie en aspirant à nous comporter de façon bienveillante, notre expérience de la discipline prend une tout autre saveur. »

Traleg Kyabgon Rinpoché,
***Au cœur du bouddhisme*[1]**

1. Huy, Éd. Kunchab, 2004, p. 30.

User nos habitudes

La discipline est essentielle pour débuter le chemin, car elle fatigue peu à peu les habitudes qui façonnent notre vie, qu'elles soient mentales, corporelles ou même de langage. La plupart du temps, nous agissons sans vraiment être présents à ce que nous faisons. La pratique de la discipline a cela de fantastique qu'elle nous ramène sans cesse à cette présence d'esprit. Ainsi, à force de pratique, les habitudes se décrochent comme les écailles d'un vernis. Le pratiquant découvre alors quelque chose qu'il a jusqu'alors assez peu rencontré : son propre être.

Shila reprend sous son aile la parole juste, l'action juste, les moyens d'existence justes, l'effort juste de l'**Octuple Sentier**.

Pour aller plus loin : La compréhension juste (*prajña*) – La méditation juste (*samadhi*) – Présence attentive (*shamatha* et *vipashyana*) – Octuple Sentier – Hinayana – Méditation.

L'action juste (shila)

L'essentiel en 5 secondes

- Shila, la discipline, nous tient éloignés du divertissement.
- Shila signifie « veiller à avoir une conduite appropriée en toutes circonstances ».
- Cette discipline entraîne le pratiquant à la présence d'esprit.

12

La méditation juste (samadhi)

L'esprit : le singe, l'éléphant et le moine

IMPORTANT

Samadhi est traduit généralement par « méditation ». Pour comprendre ce qu'est le *samadhi*, il faut prendre le temps d'expliquer ce qu'est l'*esprit* dans les enseignements bouddhistes. **L'esprit en tant que tel n'a pas d'équivalent en sanskrit mais regroupe trois fonctions** qui sont décrites dans les textes bouddhiques. La première est la fonction liée à la volonté, *citta* ; elle est représentée dans la tradition par un petit singe tout agité. Il veut tout le temps autre chose, animé par **la volonté de se divertir**, il passe d'une idée à une autre comme le singe d'une branche à l'autre. La plupart du temps, cette fonction de l'esprit nous éloigne du présent. Mais, dans la poursuite du chemin, cette fonction n'est pas qu'une mauvaise chose, car c'est d'elle qu'émerge l'aspiration à s'engager plus avant sur le chemin.

La deuxième fonction de l'esprit est celle par laquelle nous classifions, ordonnons, catégorisons : *manas*. Elle est représentée par un éléphant qui, doté d'une mémoire phénoménale, peut rassembler ce qui doit être rassemblé, en d'autres mots qui raisonne, qui se souvient. C'est **l'« esprit intellectuel »**, pourrions-nous dire.

Enfin, nous avons la dernière fonction, représentée par le moine (*dhi*), qui est celle qui permet de **voir les choses telles qu'elles sont** sans qu'elles soient recouvertes par la volonté de se divertir ou par l'analyse intellectuelle.

L'état d'unité profonde

Le *samadhi* est donc composé de *-dhi*, qui est cette pensée qui voit sans catégoriser, et de *sam-*, qui veut dire « comme, le même » en sanskrit – nous l'entendons d'ailleurs dans le mot « *same* » en anglais ou « *sim*ilitude ». Il est important de préciser d'emblée que *samadhi* n'est pas une pratique mais un état.

Et cet état est donc « le même que *dhi* », c'est-à-dire **un état de l'esprit complètement dépourvu de distractions**. L'esprit voit l'esprit tel qu'il est. Dans la tradition bouddhique, on dit par métaphore que l'esprit est comme le miroir de lui-même. Il n'y a donc plus de distraction ni de catégorisation dans cet état : celui qui l'éprouve touche un sens profond d'unité, car il n'y a plus à l'œuvre de processus de séparation (de nous-mêmes, du monde, des autres). L'esprit voit la réalité, simplement, sans rejet ou attachement, sans intellectualisation. Cela n'a rien de magique, c'est juste un état de grande présence à ce qui est.

Samadhi reprend l'attention juste et la méditation juste de l'**Octuple Sentier** et se déploie à partir de la pratique de *shamatha* (voir **Présence attentive**) ; elle en est le fruit.

Pour aller plus loin : L'action juste (*shila*) – La compréhension juste (*prajña*) – Présence attentive (*shamatha* et *vipashyana*) – Hinayana – Découverte de l'esprit.

La méditation juste (samadhi)

L'essentiel en 5 secondes

- Dans l'état de samadhi, l'esprit du pratiquant est dépourvu de distractions et a cessé de tout intellectualiser.

- Le samadhi est un état dans lequel le pratiquant éprouve un grand sens d'unité.

- Cet état est un des fruits de la pratique de la méditation.

13

La compréhension juste (prajña)

La vue claire pour dissiper le brouillard

La *prajña* regroupe la pensée juste et la compréhension juste dans l'Octuple Sentier. Pour tenter de comprendre ce que veut dire *prajña*, il faut s'intéresser à l'étymologie de ce mot. Il est constitué de *pra-*, qui veut dire en sanskrit « ce qui est premier » (comme nous l'entendons dans le mot « *pri*mordial ») et de la racine **jña*, qui indique la connaissance (racine que nous retrouvons dans le mot « *gno*se » ou dans le verbe « connaître », en latin *cognoscere*).

La connaissance est comprise usuellement comme connaissance *de* quelque chose en particulier, mais ce n'est pas de cela qu'il s'agit ici. Le phénomène que pointe la *prajña* est plutôt **la faculté de bien discerner** de manière générale. La *prajña* est le fait de voir clairement non pas un point particulier, mais une situation dans son entièreté. C'est en fait le contraire d'avoir la vue brouillée. Ainsi, celui qui voit clairement s'oriente plus aisément sur le chemin.

Mais qu'est-ce donc que le pratiquant du Hinayana est amené à voir clairement ? L'**impermanence** des phénomènes, c'est-à-dire qu'il reconnaît sans effort, et sous le signe de l'évidence, que toute chose est soumise au changement, à chaque instant.

Le discernement est le fruit de la méditation

Il ne s'agit pas d'accumuler un maximum de savoir pour développer la *prajña* ; c'est bien pour cela qu'elle est une « intelligence primordiale ». Elle précède la connaissance des faits particuliers, elle permet d'être en intelligence avec une situation et, de manière plus radicale, d'être en intelligence avec sa propre existence.

Mais elle ne se cultive pourtant pas toute seule ! **Elle se développe petit à petit, grâce à la pratique de la méditation, qui est la véritable colonne vertébrale des enseignements bouddhistes**, et particulièrement de la pratique de la **présence attentive**, au cours de laquelle le pratiquant s'entraîne à se poser (*shamatha*) pour voir clairement (*vipashyana*).

Shila, *samadhi* et *prajña* sont inséparables dans l'économie de la Voie.

Pour aller plus loin : L'action juste (*shila*) – La méditation juste (*samadhi*) – Présence attentive (*shamatha* et *vipashyana*) – Hinayana – *Dharma*.

La compréhension juste (prajña)

L'essentiel en 5 secondes

- La prajña est la faculté de voir clairement ; on peut traduire le terme par « discernement ».

- La prajña permet de discerner la caractéristique principale de toute chose : le changement.

- La prajña se cultive grâce à la pratique de la méditation.

14

L'Arhat

14 *Le vainqueur de toute confusion*

L'*arhat* est le nom que porte le pratiquant du **Hinayana** lorsqu'il a réalisé entièrement cette voie. *Arhat* veut dire en sanskrit « le conquérant » ou « le vainqueur de l'ennemi ». Il faut comprendre « ennemi » ici comme tout ce qui symbolise la confusion des pratiquants quand ils s'engagent sur la Voie.

Cette réalisation peut être atteinte soit en suivant la voie des auditeurs (les *shravakas*), c'est-à-dire tous les pratiquants qui parviennent à la libération pleine et parfaite grâce à l'écoute des enseignements d'un Bouddha, soit en adoptant le statut de pratiquant solitaire (*pratyeka*). Le sentier de l'*arhat* est décrit de manière éclairante dans l'enseignement du Bouddha à Pukkusati, un de ses disciples, dans lequel il trace le chemin qu'ont parcouru ceux qui ont atteint l'Éveil.

Le pratiquant se met d'abord à la recherche du « je » en lui. Malgré la précision de son investigation, il arrive à la conclusion qu'aucun des éléments qui le constituent ne renferme ce « je ». Il affine ensuite l'observation des sensations qui se montrent à lui. Sont-elles plaisantes, déplaisantes, ni l'une ni l'autre ? Il remarque qu'il arrive que la conscience claire des choses qui l'entourent apparaisse ou disparaisse et qu'il ne peut s'y fixer une fois pour toutes. Le pratiquant voit là la marque de l'impermanence de toutes choses et se détache alors de la volonté de saisir ces choses. Ce détachement n'a rien d'un état second dans lequel le pratiquant se réfugierait pour éviter la vie mondaine : le pratiquant développe bien plutôt un état d'équanimité (égalité d'âme, d'humeur) qu'il s'entraîne à maintenir en toute situation.

À ce point du parcours, il cesse définitivement de désirer ces formations mentales, il s'écarte de la volonté, que ce soient la volonté du devenir (la continuation de son être) ou la volonté de l'annihilation (le désir du néant). S'éloignant ainsi de la volonté, il voit disparaître l'angoisse profonde liée à la saisie, qui fait place à un état d'apaisement.

Le pratiquant est alors arrivé au stade d'*arhat*. **Les *arhats* détiennent la vision claire des choses telles qu'elles sont, ce qui permet de dire que l'*arhat* fait et dit ce qu'il faut quand il le faut. Ayant abandonné toute volonté, son action est libre de toute entrave.**

« À l'heure de la mort de l'*arhat*, il est dit que "la flamme est entièrement soufflée en lui-même", la flamme (son être) qui animait la mèche (le *samsara*) a disparu en même temps que le combustible (la confusion). L'*arhat* sort ainsi définitivement du cycle des renaissances. »

Pour aller plus loin : Hinayana – Méditation – *Samsara* –Renaissance.

L'Arhat

L'essentiel en 5 secondes

- L'arhat est celui qui vainc définitivement toute confusion.

- Les arhats sont les pratiquants qui ont parfaitement accompli la voie du Hinayana et qui ne sont plus la cause d'aucune souffrance, ni par leurs paroles, ni par leur corps, ni par leur esprit.

- À la fin de son existence, l'arhat sort du cycle des renaissances (samsara).

15

L’Impermanence

Après avoir fait l'expérience de l'Éveil, le Bouddha passa les quarante-cinq années qui lui restaient à vivre à transmettre la voie qui mène à la libération de la souffrance à tous ceux qui venaient à sa rencontre. Il ne s'agissait pas d'un exposé doctrinaire, comme nous l'avons déjà vu, mais plutôt d'ouvrir les yeux de ceux qui l'écoutaient à la réalité de leur existence. En se penchant sur ce qui détermine son existence, l'être humain n'est plus aveugle à ce qui le constitue en propre.

Traditionnellement, il y a quatre déterminations de l'existence : l'**impermanence** en est une, avec le **non-ego**, le ***samsara*** et le ***nirvana***.

L'éveil à l'inconstance des choses

Il suffit de faire une pause un instant pour voir aisément que rien ne dure sur cette Terre : les années passent, les joies succèdent aux malheurs, la graine se transforme en rose… La nature est ainsi faite qu'elle est soumise aux changements, à ce que l'on appelle communément la « loi de cause à effet ».

Voilà qui n'est pas un constat révolutionnaire ! Quel est dès lors l'intérêt de cette notion dans l'économie de la voie bouddhiste ? Pour répondre à cette question, il faut aller plus avant dans la compréhension de ce que pointe le Bouddha quand il dit que **l'existence est placée sous le signe de la « non-constance »** (en sanskrit, « impermanence » se dit *anitya* ; *anitya* est composé de **nitya*, qui signifie « la constance », le fait que les choses durent, et du *a-* qui indique la privation – donc ici « sans »).

Que rien ne dure est une vérité de l'évidence, et pourtant, ce que constate le Bouddha, c'est que l'être humain dans son existence ne fait que rarement l'épreuve de cette impermanence. La tendance naturelle est au contraire de considérer tous les phénomènes, les personnes, comme ayant une identité fixe et permanente. Dans la vie de tous les jours, l'être humain se comporte comme si tout était stable autour de lui : les êtres, les situations, les choses... Seuls les événements marquants de la vie d'un homme le rappellent à ce principe de mouvement – un décès, la fin d'un amour, les rides qui apparaissent, un licenciement...

Méditer l'impermanence, comme d'ailleurs les trois autres déterminations de l'existence (le non-ego, le *samsara* et le *nirvana*) en toutes situations de la vie transforme radicalement notre expérience. Si la tendance habituelle est d'agir comme si les choses étaient stables et durables, c'est sans doute parce que cela donne l'illusion de quelque chose à quoi s'accrocher qui apaise l'angoisse de voir s'écouler la vie comme du sable filant entre nos doigts.

Le libre mouvement de la réalité

Pourtant, il y a une autre manière de considérer l'impermanence. Si, effectivement, elle comporte une dose d'inconfort, car les situations sont vues pour ce qu'elles sont, c'est-à-dire toujours en changement, elle porte aussi en elle la source du mouvement et la possibilité d'éprouver quelque chose de la liberté.

En effet, si les situations se meuvent et se reconfigurent en permanence, cela veut aussi dire que l'être humain fait partie de ce mouvement et peut donc évoluer et se transformer tout au long de sa vie. Ainsi, ce qui est réellement à méditer quand il est question d'impermanence, c'est le libre mouvement, qui est la vraie caractéristique de la réalité.

Pour aller plus loin : *Nirvana* – Non-ego – *Samsara*.

L'Impermanence

L'essentiel en 5 secondes

- En découvrant l'impermanence comme caractéristique de toute existence, le pratiquant prend conscience que la durée des choses est une illusion.
- L'expérience de l'impermanence est souvent évitée dans le souci de figer et de sécuriser la situation.
- Reconnaître l'impermanence, c'est surtout entrer de plain-pied dans le libre mouvement du réel.

16

Le Non-ego (anatman)

16

L'ego est une tendance à se cramponner[1]

Voilà une bien étrange perspective pour les héritiers de Descartes que nous sommes ! En effet, notre entente de ce qu'est l'ego découle directement de l'*ego cogito*, cette chose ferme et constante que Descartes pose comme socle indubitable à la science. L'ego devient, dès ce moment, le pivot axial à partir duquel l'homme considère toute chose, lui-même mais aussi le monde qui l'entoure (les êtres, les phénomènes, les objets, les situations…).

Changeons de perspective !

La voie bouddhiste est une voie qui exerce le pratiquant à changer de point de vue, au sens propre. Imaginez deux situations : soit vous observez le magnifique spectacle d'une montagne dans la longue-vue d'un belvédère, soit vous êtes encordé et accroché à un piton fixé à la paroi d'une combe de cette même montagne et vous vous posez un instant pour la regarder. Vous conviendrez que, bien qu'il s'agisse de la même montagne, le rapport que vous avez à celle-ci change radicalement selon que vous êtes sur le belvédère ou encordé. Comprendre quelque chose de ce qu'est que le non-ego, c'est passer du belvédère à la combe escarpée.

Dans le bouddhisme, l'ego a trois caractéristiques. La première est l'**impermanence**, c'est-à-dire, comme nous l'avons vu dans la notion précédente, qu'**il n'y a rien à trouver de constant dans l'ego.** La deuxième caractéristique nous ramène à la **Première Noble Vérité**, et au constat que **l'ego est soumis au mal-être**, à la souffrance. En troisième lieu, **il n'est pas possible de démontrer l'existence véritable et fixe de l'ego**. Cet ego, ce « je », est-il dans ma tête, dans ma poitrine ? Puis-je trouver ce « je » dans les différentes étiquettes que je porte

1. Chogyam Trungpa, précurseur d'un bouddhisme occidental, utilisait fréquemment cette expression pour illustrer cette tendance (voir bibliographie).

(professeur, maman, avocat, dépressif...) ? Ces titres viennent-ils à bout de ce que je suis ? Force est de constater qu'ils ne suffisent jamais à dire quelque chose de juste et d'entier sur ce que nous sommes vraiment.

Cela, c'est le constat que nous invitent à faire les enseignements bouddhistes. Mais alors, en quoi cela change-t-il radicalement la perspective ? Rappelez-vous : passer du belvédère à la combe.

Cela a un côté très effrayant de se retrouver dans une combe, car il n'est pas possible de s'y sentir en sécurité : à tout moment la situation peut changer, il faut être d'une attention extrême à tout ce qui s'y passe. Nous ne sommes plus un observateur extérieur, nous faisons partie de la situation, nous sommes entrés complètement en rapport avec la montagne.

Une histoire d'étiquettes

Laissons là la métaphore pour revenir à l'ego. Spontanément, nous nous accrochons à ce « je », nous essayons par tous les moyens de le fixer (je suis riche, pauvre, malade, artiste...) ; nous pensons ainsi avoir une identité à laquelle nous pouvons nous référer une fois pour toutes. Or, cela ne marche pas comme ça ! Nous sommes toujours beaucoup plus que les étiquettes que nous nous sommes accolées, d'abord parce que ces étiquettes peuvent se décoller : je suis chirurgien, mais le jour vient où je dois arrêter d'opérer car mes mains ne suivent plus ; je suis un mari, jusqu'au jour où je dois troquer mon étiquette de mari contre celle de veuf... Bref, les étiquettes sont aussi volatiles que des Post-it ! Quelle angoisse : collons vite une nouvelle étiquette sur celle qui vient de se décoller ! C'est sans fin...

Laisser tomber les étiquettes est inquiétant : *suis-je* encore, sans toutes mes étiquettes ? Bien sûr ! Ce n'est pas un néant !

Tout est « rapport »

Nous découvrons au contraire que **ce que nous sommes n'est pas constitué d'identités fixes mais du fait que *nous sommes en rapport avec* toutes choses** : avec notre être, mais aussi avec notre maison, nos enfants, les êtres que nous rencontrons, la montagne… Ce rapport n'est pas fixe, il se transforme au gré de l'évolution de la situation. Alors, certes, il y a la perte d'une zone de confort, mais l'expérience que nous faisons à chaque instant est beaucoup plus vivante, car libre de se transformer, d'évoluer. Nous n'observons plus ce qui nous arrive depuis un belvédère, nous dansons avec la réalité.

L'abandon de l'espoir et de la peur

Ce changement de point de vue implique que nous ne nous laissions plus guider par le jeu de l'espoir et de la peur[2]. Lorsque le point de référence est ce « je », d'une part nous espérons améliorer la situation de ce « je » (nous nous projetons dans un futur toujours meilleur que le présent dans lequel nous sommes), et d'autre part nous construisons toute une architecture qui devrait protéger ce « je » des aléas de la vie, nous nous tenons à distance de ce qui se passe pour ne pas que ce qui se passe nous touche ; c'est la peur.

> « *L'agent n'est pas, l'acte est ;* nous ne sommes pas, il n'y a que des relations. »
>
> **Bouddha**

Pratiquer le non-ego, c'est arrêter de chercher à confirmer en permanence notre identité, détruire les murs qui nous empêchent d'entrer en relation avec le monde et d'en découvrir la richesse.

Pour aller plus loin : *Nirvana* – Impermanence – *Samsara* – Trungpa – Nobles Vérités (notions 8, 9, 10).

2. Fabrice Midal insiste beaucoup sur ce point essentiel dans ses nombreux enseignements au sein de l'École occidentale de méditation, dont il est le fondateur (voir bibliographie).

Le Non-ego (anatman)

L'essentiel en 5 secondes

- L'ego est une tendance naturelle à se cramponner à tout ce qui nous identifie.

- Les étiquettes qui nous collent à la peau sont mortifères et constituent le fruit de l'espoir et de la peur.

- Voir l'inexistence de l'ego libère en permettant d'entrer réellement en rapport avec la réalité, mouvante et pleine de vie.

17

Samsara

Le *samsara* est souvent comparé à un cercle dans lequel nous serions emprisonnés. Notre existence est comme une roue qui enchaînerait les expériences les unes aux autres, le plus souvent sans que nous ayons pu exercer une quelconque maîtrise sur celles-ci. Les causes de nos actions s'enchaînent à leurs conséquences, et celles-ci deviennent à leur tour les causes d'autres actions. Cet entrelacs des causes et des effets est caractérisé par la souffrance et la douleur.

Quoi que nous fassions pour nous ménager la possibilité d'être heureux (nous travaillons dur pour améliorer notre condition, nous prenons soin de notre santé pour vivre plus longtemps…), quelque chose arrivera toujours qui ternira un tant soit peu notre joie, notre réussite… **Nous errons d'un point à un autre de notre existence sans que rien ne se déroule jamais tout à fait comme nous l'aurions désiré.**

Les six manières d'errer dans l'existence

Dans la tradition bouddhiste, ce cercle du *samsara* se décline en six parties qui sont autant de manières différentes d'être emprisonné. Passons-les en revue afin de mieux les comprendre.

Il y a tout d'abord **l'enfer**. Dans le monde de l'enfer, la colère règne en maître. Les êtres qui sont dans cet état sont toujours en colère, sans savoir exactement contre quoi. Sont-ils en colère contre eux-mêmes, contre une situation qui ne leur semble pas favorable ? Peu importe, ils en veulent au monde entier.

Le monde suivant est celui des **esprits affamés**. Dans ce monde, les êtres veulent se remplir et se rassasier, mais jamais ils ne le sont. Ils dévorent et phagocytent tout ce qui passe à leur portée. Ils sont insatiables, et espérer en vain d'être contentés les torture.

Nous avons ensuite le monde des **animaux** ; il est caractérisé par l'ignorance. Dans ce monde, point de *prajña*, pas de « discernement » ! Les êtres qui errent dans cet état ne peuvent distinguer ce qui leur est bénéfique ou non, ils sont dans un brouillard opaque qui les empêche de choisir un chemin. Ils sont sur le qui-vive et ont perpétuellement peur pour leur survie.

Puis vient le monde des **humains**. Les humains se caractérisent par l'insatisfaction : ils ne cessent de vouloir autre chose que ce qu'ils ont. Cette volonté qui les pousse constamment vers autre chose les divertit du chemin sur lequel ils avancent. Le monde humain est celui du divertissement, dans lequel nous dévalons sans cesse d'un centre d'intérêt à un autre, d'une possession à une autre.

Dans le monde des **jaloux**, c'est la comparaison incessante avec les autres qui domine. Il est tout le temps besoin de dépasser les autres, et leur réussite fait éprouver une jalousie dévorante. Ce que l'on est ou ce que l'on a est compulsivement comparé avec ce qu'est et ce qu'a autrui, dans la volonté de surpasser et d'écraser ce dernier.

Enfin, la sixième partie est le monde des **dieux**. Il est caractérisé par un état de béatitude continu. Toute chose est entreprise avec bonheur, tout est lisse et sans difficulté. Les êtres qui se trouvent dans le monde des dieux sont dans un état de confort que rien ne trouble. Ce n'est pourtant pas un monde idéal, car ce confort engourdit complètement celui qui y est englué. Passant d'une situation à une autre sans aucune aspérité, il annihile sa possibilité d'être alerte et vigilant ; le sens du chemin lui échappe dès lors entièrement. Il avance simplement sans que rien de ce qui s'enchaîne n'ait de sens.

Selon la tradition bouddhiste, nous sommes tous prisonniers du *samsara* et déclinons les facettes de l'un ou l'autre monde. Dans cette perspective, il convient de reconnaître dans quel(s) cercle(s) nous sommes pris et de nous en libérer.

Pour aller plus loin : *Nirvana* – Impermanence – Non-ego.

Samsara

L'essentiel en 5 secondes

- Le samsara est la condition d'existence dans laquelle errent tous ceux qui ne sont pas encore libérés des causes de la souffrance.

- Le caractère intrinsèquement insatisfaisant de l'existence humaine est le signe du samsara.

- Le plus important est de reconnaître cet enchaînement de causes et d'effets qui entraîne la souffrance.

18

Nirvana

18 Le nirvana, ce n'est pas le septième ciel !

Le *nirvana* est souvent présenté dans le langage courant comme un état de jouissance absolu (« C'est le nirvana ! ») ou comme un idéal de paix et de tranquillité à jamais envié… et forcément jamais atteint.

Le *nirvana* n'est rien de tout cela. **Il est caractérisé par l'absence complète de confusion. L'esprit n'est plus conditionné par quoi que ce soit et ne conditionne plus rien à son tour ; ainsi, plus aucune souffrance n'est engendrée.** Il est très difficile d'expliquer le *nirvana* depuis la perspective du *samsara* : cela revient à demander à un non-voyant d'expliquer les couleurs à d'autres non-voyants. Sans doute quelque chose peut-il en être dit, mais cela ne permet pas de faire apparaître ce dont il s'agit dans son entièreté. C'est la raison pour laquelle la tradition ne s'étend pas sur le *nirvana* mais détaille plutôt le chemin qui mène à cette libération de la confusion et de la souffrance.

L'erreur la plus égarante que l'on puisse faire à propos du *nirvana* est de voir en lui un but à atteindre afin d'en obtenir tout le bénéfice. Cette perspective ne peut mener qu'à l'échec complet de l'entreprise. En effet, vouloir atteindre le *nirvana* est déjà un acte de la volonté qui conditionne l'esprit, et, dès qu'il y a conditionnement, l'esprit n'est pas libre.

Pour aller plus loin : *Samsara* – Impermanence – Non-ego – Méditation.

Nirvana

L'essentiel en 5 secondes

- Les textes s'attellent à montrer la voie vers le nirvana plutôt qu'à le décrire, car il est difficile de le comprendre depuis la condition d'existence du samsara.

- Le nirvana est la condition d'existence selon laquelle plus aucune cause de la souffrance n'est engendrée.

- Avoir la volonté d'atteindre le nirvana comme terme du chemin est complètement égarant.

19

L'Interdépendance

L'illusion tenace de l'indépendance

Dans notre expérience de tous les jours, nous envisageons le monde à partir d'un îlot, nous-même, autour duquel les autres et le monde gravitent. Une séparation s'instaure ainsi spontanément entre nous et tout ce qui n'est pas nous. Il semble même souvent que pouvoir s'affirmer comme « indépendant » soit plutôt valorisant dans notre société occidentale. En effet, être indépendant signifie que nous avons la faculté de nous en sortir tout seuls dans la vie, sans avoir ni besoin des autres ni à nous préoccuper des autres.

Mais ne serait-ce pas une illusion du même type que celle que nous avons soulevée quand nous nous sommes penchés sur l'**impermanence** ? De la même manière que, dans notre expérience quotidienne, nous ne voyons pas que nous ne sommes pas une identité fixe, nous ne voyons pas non plus que nous ne sommes pas cet être autosuffisant que nous croyons être.

Nous sommes tous reliés

L'interdépendance est la traduction exacte du mot sanskrit *pratityasamudpada*, et ce mot rend bien l'idée que nous ne pouvons pas nous concevoir autrement que dans une commune dépendance avec les êtres, la nature, l'univers. Voir le monde au travers du prisme de l'interdépendance change radicalement la perspective. **Nous ne sommes plus séparés de tout ce qui nous entoure mais *reliés* à ce qui nous entoure.**

Penser l'interdépendance comme le fait d'être en lien avec les autres et l'univers entier donne de l'ampleur à cette nouvelle perspective. Nos actes et nos paroles ont un impact réel. Il suffit de voir comment des mots trop durs peuvent, à l'instant où ils sont prononcés, faire tourner court une réunion de famille par exemple ; ou comment une décision politique peut avoir une incidence dans la vie très concrète des personnes, des habitudes de consommation peuvent avoir un effet dramatique sur l'environnement, etc.

Observer le monde par ce prisme demande évidemment une certaine dose de courage, car il n'est dès lors plus possible de se contenter de renforcer notre îlot personnel : il est question plutôt d'être soucieux de la responsabilité que nous avons dans le lien qui nous unit aux autres et au monde.

L'interdépendance s'inscrit en faux contre une vision fataliste de la vie, car nos actions et nos choix auront nécessairement des répercussions : chacun à sa mesure fait partie intégrante de ce tissu de relations qui dessine la trame du réel.

Pour aller plus loin : Impermanence – Non-ego – Éthique bouddhiste.

L'Interdépendance

L'essentiel en 5 secondes

- La perspective de l'interdépendance empêche de nous penser comme des êtres séparés.

- Découvrir que tous les êtres vivants sont reliés, entre eux mais aussi au monde dans lequel ils vivent, implique un grand sens des responsabilités dans nos actes et nos choix.

20

Karma

Qui n'a pas prononcé (ou entendu prononcer) un jour ces expressions : « Fais attention, c'est mauvais pour ton *karma* ! » ou encore « Si tu dois endurer cette épreuve aujourd'hui, c'est à cause de ton *karma* » ? La première implique que nos actions, bonnes ou mauvaises, ont des répercussions dans d'hypothétiques vies futures, et la seconde sous-entend que nous sommes déterminés par toutes nos actions passées dans cette vie ou dans des vies antérieures.

Il va sans dire que l'interprétation du *karma* est plus subtile qu'une simple vision déterministe de l'existence. Ces expressions tournent bien en tout cas autour du poids de nos actions. Et ce n'est pas par hasard, car *karma* en sanskrit est construit sur la racine **kr*, qui signifie « faire » (nous retrouvons ce **kr* dans le verbe français « créer »). **Ainsi, le *karma* désigne nos actions et, plus précisément, toutes celles qui sont le fruit de la confusion.**

Rappelons-nous que la confusion réside dans le fait de ne pas voir la réalité de notre existence telle qu'elle est : impermanente, interdépendante, souffrante, sans identité fixe. Toutes nos actions seront teintées et asservies par cette ignorance fondamentale. Dès lors, nous comprenons ainsi beaucoup mieux comment, inévitablement, nos actions alimenteront la chaîne du *samsara*. C'est un peu comme si un myope s'obstinait à porter des lunettes pour hypermétrope ! Il ne lui sera jamais possible d'entrer réellement en rapport avec le monde dans ces conditions : toutes ses actions seront toujours biaisées par sa perspective fausse de départ.

Il faut donc opérer une conversion du regard afin d'agir dans l'horizon du *dharma*. Cela veut dire que nous n'agirons alors plus comme les esclaves de notre volonté, de nos désirs ou de nos émotions conflictuelles – tout ce qui nous empêche de voir clairement la situation telle qu'elle est –, mais, au contraire, que nous ferons confiance à la situation et à ce qu'elle nous dit pour agir librement de concert avec elle. Comme cette action ne sera plus teintée de volonté, elle sera complète par elle-même, n'entraînera plus aucune conséquence et donc n'alimentera plus le *samsara*.

Attribuer ce qui nous arrive au *karma* est absolument vain, car il est impossible de détricoter l'écheveau de l'enchaînement de l'ensemble de causes et des conséquences qui nous animent. La méditation sur le *karma* est surtout aidante pour comprendre qu'il n'y aura pas d'extinction de cet enchaînement – et donc de libération – tant que nos actions porteront en elles le poids de la volonté.

Pour aller plus loin : *Samsara* – Impermanence – Non-ego – Interdépendance – *Dharma*.

Karma

L'essentiel en 5 secondes

- L'expression « C'est à cause de mon karma ! » ne veut rien dire.
- Le karma désigne l'enchaînement des actions qui sont le fruit de l'ignorance, du désir et de l'aversion.
- L'extinction de cet enchaînement signifie la libération.

21

La Renaissance

Il faut d'emblée préciser que la renaissance n'est pas la réincarnation. La réincarnation est la croyance en la métempsycose, c'est-à-dire le fait que l'âme d'un défunt perdure en investissant un nouveau corps. Cette interprétation est tout à fait contraire aux enseignements du Bouddha : ces enseignements expliquent justement qu'il n'existe rien en nous que nous puissions doter d'une identité fixe, comme l'âme par exemple, qui pourrait résister à l'épreuve du temps.

Ce principe n'est pas parlant pour nous Occidentaux, alors qu'il était tout à fait commun en Inde au temps du Bouddha. Le terme sanskrit est *punarbhava* et signifie « naître (ou être) encore ». Le mot « renaissance », plutôt que « réincarnation », est donc bien choisi. **Tant que nos actions ne seront pas libérées de nos tendances habituelles, de notre volonté, du voile de nos émotions, elles seront cause d'autres actions, et il y aura à naître encore et encore.** La question qui se pose évidemment est celle de savoir ce qui va naître à nouveau. Une métaphore est souvent utilisée dans ce contexte pour comprendre ce qui se passe au moment de la mort dans la tradition bouddhiste : alors que vous tenez une bougie allumée dans vos mains, vous la penchez vers la mèche éteinte d'une autre bougie, et la flamme se transmet de l'une à l'autre. Il ne s'agit pas de la même flamme, mais pourtant elle porte en elle quelque chose de la flamme d'origine.

Que pouvons-nous faire aujourd'hui de cet enseignement si nous ne voulons pas tomber dans les dérives des interprétations karmiques de tout ce qui nous arrive, comme nous l'avons pointé dans l'étude de la notion de ***karma*** ? Sans doute pouvons-nous nous rappeler que le moment de notre mort n'est pas le seul moment de notre existence où il y a renaissance. L'enseignement sur l'impermanence nous aide à le comprendre, car c'est à chaque instant que nous mourons à ce que nous sommes pour nous retrouver entièrement neufs à l'instant suivant.

Pour aller plus loin : *Samsara* – Impermanence – *Karma*.

La Renaissance

L'essentiel en 5 secondes

- La renaissance est un principe bouddhiste laissé à l'interprétation de chaque pratiquant.

- La réincarnation ne fait pas partie des enseignements bouddhistes.

- Puisque tout est en perpétuel changement, c'est à chaque instant, et pas seulement au moment de la mort, que nous nous transformons.

22

Le Mahayana

Il faut tout d'abord indiquer que le Mahayana s'appuie sur le Hinayana comme la cathédrale sur ses fondations. S'il n'y a pas avant toute chose un établissement solide des pratiques du Hinayana, aucun fruit du Mahayana ne pourra se développer. Un des soûtras les plus connus du Mahayana est le soûtra du Lotus.

L'appel de l'Éveil

L'entrée dans le Mahayana est marquée par un appel. Un jour, au creux du chemin sur lequel le pratiquant s'est bien établi, il se sent appelé par quelque chose de plus grand, de plus ample, de plus vaste. C'est ce qui est nommé dans la tradition « appel de l'Éveil » (la ***bodhicitta***). Nous comprenons ainsi mieux pourquoi ***Mahayana* veut dire « le Grand Véhicule » : ce n'est pas tant par opposition au « Petit Véhicule », mais plutôt parce qu'il fait référence à une dimension plus vaste, plus grande, plus large, qui appelle le pratiquant à un point de son chemin.**

Animé par une compassion sans limite (***karuna***), il perçoit la perspective de se libérer de sa propre souffrance comme sans intérêt au regard de la possibilité que tous les êtres vivants soient libérés de la souffrance. Le pratiquant comprend alors qu'il a à œuvrer pour cela, et il scelle cette aspiration par des vœux nommés « vœux de ***bodhisattvas*** », c'est-à-dire les « vœux des héros pour l'Éveil ».

La voie de l'héroïsme

L'appel de l'Éveil est si impérieux que le *bodhisattva* a l'aspiration héroïque de n'atteindre l'Éveil que lorsque chaque être sans exception aura entendu cet appel et y aura répondu. C'est évidemment impossible, et c'est pourquoi le Mahayana est la voie de l'héroïsme. Mais le *bodhisattva* est prêt à faire ce vœu, car il a rencontré d'une part la **vacuité** (***shunyata***, que nous allons aborder dans la notion suivante) et commence donc à voir qu'il n'y a aucun état tel que l'Éveil à atteindre, et d'autre part la **compassion** (***karuna***, voir plus loin), grâce à laquelle il voit qu'il n'y a absolument aucune différence entre soi et les autres.

Les apprentis héros pour l'Éveil doivent pourtant s'entraîner à quitter la perspective d'une libération à atteindre. En effet, la division entre *samsara* et *nirvana* établie dans le Hinayana est reconnue comme un outil pédagogique pour comprendre deux modalités d'existence radicalement différentes. Pour se familiariser à agir à partir de l'Éveil même et non plus dans la perspective d'une finalité, ils ont à leur disposition une série de pratiques. C'est une rive qu'ils doivent traverser. Ils doivent passer de la rive balisée à la rive du « sans repère ». Pour effectuer cette traversée, ils vont emprunter les **six *paramitas***, ou « six traversées », que nous aborderons bientôt.

Pour aller plus loin : *Samsara* – Hinayana – Vacuité – Compassion – *Bodhisattva* – Appel de l'éveil (*bodhicitta*) – Six *paramitas*.

Voici l'un des souhaits des *bodhisattvas* :

« *Puissé-je être le protecteur des abandonnés,*
Le guide de ceux qui cheminent,
La barque, le navire et le pont
Pour ceux qui désirent traverser (les eaux) !
Puissé-je être une île pour ceux qui recherchent une île,
Une lampe pour ceux qui en désirent une,
Une couche pour ceux qui veulent prendre du repos,
Et l'esclave des êtres souhaitant un esclave !
Puissé-je être un joyau qui exauce les désirs,
Un vase magique, un mantra d'accomplissement,
Un remède universel, un arbre à souhaits
Et une vache d'abondance pour le monde ! »

Shantideva,
Vivre en héros pour l'Éveil[1]

1. Paris, Éd. du Seuil, 1993, p. 39.

Le Mahayana

L'essentiel en 5 secondes

- L'appel de l'Éveil est la porte d'entrée dans le Mahayana.
- Le Mahayana est une voie héroïque.
- Le souhait d'atteindre l'Éveil doit entièrement être abandonné, car il est vide de sens dans la perspective du Mahayana.
- Les bodhisattvas sont les pratiquants du Mahayana.

23

La Vacuité (shunyata)

23 *L'éclair qui foudroie*

Le premier Tour de roue de l'enseignement du Bouddha porte, nous l'avons vu, sur les **Quatre Nobles Vérités**. Seize ans plus tard, le Bouddha réunit l'assemblée des pratiquants au lieu-dit du Pic des Vautours pour un nouvel enseignement, qui portera plus tard le nom de « soûtra du Lotus ». La vacuité est au cœur de cet enseignement qui inaugure le **deuxième Tour de Roue**.

Cinq mille moines, ***arhats*** et pratiquants laïcs sont rassemblés pour écouter le Bouddha s'adresser à son disciple Shâriputra. Cet enseignement figure dans le célèbre soûtra du Cœur, dont voici un extrait :

> « La forme est vacuité, la vacuité est la forme,
> La vacuité n'est autre que la forme, la forme n'est autre que la vacuité,
> De même, sensation et perception, conception et conscience, sont vacuité.
> Ainsi Shâriputra, il n'y a pas de naissance, il n'y a pas de cessation, [...]
> Il n'y a pas de souffrance, pas d'origine de la souffrance,
> Pas de cessation de la souffrance, pas de chemin, pas de sagesse [...]. »
>
> **Extrait du soûtra du Cœur (*Prajñaparamitahridaya*)**

Ni souffrance, ni origine de la souffrance, ni cessation, ni chemin... À l'écoute des doubles négations rythmées et successives du soûtra du Cœur, les pratiquants sont confrontés à l'absence totale de points de repère. Bouddha leur tire littéralement le tapis de méditation sous les pieds ! Y a-t-il alors un lieu sûr à atteindre, un *nirvana* ? Oui ! Où cela ? Nulle part !

S'il n'y a plus rien à quoi l'esprit puisse s'accrocher, il ne s'agit pourtant pas de l'exposer à une doctrine nihiliste telle que l'interprètent les sceptiques. En effet, **la vacuité n'est pas un élément philosophique, elle n'est pas un concept. Elle est plutôt une vérité qui tombe sur le pratiquant à un moment du chemin**, car, ne l'oublions pas, le bouddhisme n'est pas un système, mais une voie d'éveil. Une doctrine nihiliste signifierait qu'il y a déjà un positionnement par rapport au réel, ce qui n'est pas du tout le cas ici.

Ainsi, il n'est pas possible de se faire une « idée » de la vacuité. La parabole de la Flèche est fréquemment citée pour illustrer cela : une flèche vient se ficher droit dans l'œil d'un homme. Celui-ci cherche désespérément à savoir d'où elle vient, qui l'a envoyée, quel était l'angle de la trajectoire de la flèche… mais il ne fait pas la seule chose qui s'impose vraiment : enlever cette flèche !

À l'écoute des premières paroles du soûtra du Cœur, la tradition raconte qu'une immense partie de l'assemblée fut foudroyée par une crise cardiaque ! Eux qui pratiquaient suivant le premier enseignement de Bouddha – à savoir justement : la souffrance, l'origine de la souffrance, l'arrêt de la souffrance et la voie vers l'arrêt de la souffrance – se voient, dans un coup de tonnerre, confrontés au rien qui foudroie.

Aucune certitude ne résiste

Rien n'est plus solide. « La vacuité, explique Jean-Marc Vivenza, va fonctionner comme un principe qui balaie absolument toute trace de certitude positive ou négative sur son passage[3]. » Elle laisse donc le cœur de l'homme démuni, sans plus d'attache. Cette expérience est au cœur même de l'entrée dans la voie bouddhiste et se manifeste par la **prise de refuge**.

Pour comprendre le phénomène que pointe la vacuité, penchons-nous sur son étymologie. Le mot sanskrit *shunyata* est construit sur le radical *shunya*, qui signifie « le trou ». Le mot grec *kuar* partage cette même racine et désigne le chas d'une aiguille ou le zéro indo-arabe. Comme le précise A. Lavis dans son livre *L'Espace de la pensée chinoise*, on « donna donc spontanément le sens de "vide" ou de "rien" à *shunyata*, en insistant sur l'aspect carentiel du terme. Or, ce n'est pas, d'emblée, le sens que privilégia la pensée indienne, qui y vit davantage l'espace de

3. Vivenza J.-M., *Nâgârjuna et la doctrine de la vacuité*, Paris, Albin Michel, 2001.

tous les possibles, ce qui sied avant toute détermination, donc, ce qui est pleinement ouvert. L'emploi bouddhique de ce terme doit se comprendre dans cet horizon[4] ».

La découverte de l'espace

Dans ce même livre, A. Lavis souligne la découverte géniale des traducteurs chinois pour traduire *shunyata* du sanskrit au chinois : le mot *kong*. Ce mot signifie dans son sens tout à fait usuel « les vacances », « le temps libre » mais aussi « le ciel dégagé de tout nuage ». « Cette dernière association avec l'espace est des plus heureuses. Les textes bouddhiques fourmillent, en effet, de synonymes relatifs à l'espace, au lieu, bref, aux dimensions à la fois spatiales et spacieuses du réel et qui pointent toutes en direction de cette liberté ouverte du vacant. [*Kong* dit], à même le mot, le sens le plus profond de la vacuité[5]. »

Deux écoles bouddhiques ont pointé la vérité de *shunyata*. Le Yogachara (ou Cittamatra), qui est l'école de « l'Esprit seul », a pour représentants majeurs les maîtres Asanga et Vasubhandu ; cette école pointe la projection du réel par l'esprit. Le Madhyamika est l'école de la Voie du milieu du sage indien Nâgârjuna, pour qui il n'y a aucune prise de position par rapport au réel, pas même de projection. C'est un « ouvert » pur : il n'y a plus rien, il faut juste *y* être.

Un procédé pédagogique

Shunyata est une étape de la voie des pratiquants bouddhistes du Mahayana. Dire cela n'est pas uniquement informatif. C'est important dans l'économie de la voie bouddhiste, car le Mahayana a une visée particulière, c'est le terme le plus extrême de l'« ouvert » : le sans-soi, la libération de la saisie.

4. Lavis A., *L'Espace de la pensée chinoise*, Paris, Oxus, 2010, p. 159-160.
5. *Id., ibid.*, p. 160.

La découverte de *shunyata* va de pair avec celle du discernement (*prajña*) et de la compassion (*karuna*).

Comme le souligne Nâgârjuna, « le non-soi est une façon de faire comprendre que les êtres, les phénomènes, en tant justement qu'ils sont des êtres ou des phénomènes, sont le vide, sont vacuité eux-mêmes[6] ». C'est une façon de *faire comprendre*, et non une formule du réel, dont il ne dit rien : il s'agit juste de mettre le pratiquant dans un état d'esprit.

Dans son grand traité, le *Madhyamika,* Nâgârjuna écrit que les phénomènes existent donc bien à un niveau conventionnel, mais que à un niveau ultime ils surgissent en dépendance avec d'autres et n'ont pas d'existence propre. Ils sont la manifestation d'une multitude de causes et de conditions, mais la saisie de l'esprit leur attribue une existence solide, permanente, autonome et indépendante. « Le sujet pensant est [...] délogé de son existence [...], affirmer la vacuité interdit, empêche que l'on admette la réalité d'un support permanent[7] », précise Nâgârjuna.

Pour aller plus loin : *Samsara* – *Arhat* – Mahayana – Compassion (*karuna*) – Six *paramitas* – Les Trois Tours de Roue et les Trois Véhicules – Prise de refuge – Chàn et Zen.

6. Vivenza J.-M., *Nâgârjuna et la doctrine de la vacuité*, *op.cit.*, p. 104.
7. *Id.*, *ibid.*, p. 99.

La Vacuité (shunyata)

L'essentiel en 5 secondes

- La découverte de la vacuité (shunyata) est une étape foudroyante du chemin.
- Contrairement à l'idée souvent véhiculée, la vacuité n'est pas un nihilisme.
- Elle permet d'entrer en rapport avec la qualité d'ouverture de la réalité. Il n'y a plus de place pour la projection ou la saisie de quoi que ce soit.
- Vacuité, compassion et discernement sont intimement mêlés.

24

La Compassion (karuna)

Pour bien comprendre ce qu'est la compassion au sens bouddhiste, il faut faire l'effort de se départir de toutes les préconceptions que peut nous évoquer ce terme. Pour nettoyer notre regard, rien de tel qu'un détour par l'étymologie du mot.

Être mû par...

Le terme sanskrit *karuna* est formé sur la racine verbale **kr*, qui signifie « faire » (rappelez-vous la racine commune avec le mot ***karma***). *Karuna* signifie précisément « l'action qui est faite sur nous ». Lorsque nous sommes sensibles à quelque chose, cela nous remue, nous émeut. Comme ces deux verbes – « remuer » et « émouvoir » – l'indiquent, il y a une action ou un mouvement qui s'exécute à l'intérieur de nous sans que notre volonté soit à l'œuvre. Nous rejoignons ici directement le sens du verbe grec *pathein*, qui compose le mot « compassion » : « souffrir, être affecté par quelque chose ».

Le mot « compassion », usuellement utilisé pour traduire *karuna*, pose un problème, car cette notion bouddhiste ne porte absolument pas en elle le sens de souffrir *avec*, qui est le sens commun de « compassion ». Il est très important de garder cela à l'esprit.

Il s'agit d'un mouvement intérieur, quelque chose qui se fait en nous, comme lorsque nous éprouvons une tendresse chaleureuse ou encore une poignante douleur. C'est à dessein que nous insistons uniquement sur cette expérience d'« être affecté » sans nous appesantir sur la cause de l'affection, car il est décisif de comprendre ce qui se passe lors de cette expérience.

Le noble cœur

Ce qu'indique *karuna*, ce n'est pas tant la sensibilité du corps à la douleur que celle du *cœur* ! La traduction du mot tibétain pour « compassion » est d'ailleurs « noble cœur », ce qui pointe bien **la vérité du cœur :**

il est sensible et d'emblée prêt à être touché par toutes les expériences qui constituent l'existence humaine. Il est ouvert et vulnérable originellement. Nous ne le voyons pas immédiatement, car l'humaine tendance est de construire autour de son cœur une forteresse pour éviter les blessures qu'occasionne inévitablement la rencontre avec l'autre.

L'épreuve de la vacuité – l'« ouvert » primordial – telle que nous l'avons décrite plus haut est une voie d'accès direct à *karuna*, car elle amène ceux qui cheminent à se rendre compte qu'il n'y a pas de séparation entre eux et les autres. Ils découvrent alors leur cœur, vulnérable, prêt à être touché. Ce n'est pas chose facile de tenir le cœur dénudé, ouvert à cette poignante épreuve qu'est la rencontre avec l'autre ; c'est inconfortable, il n'y a plus nulle part où cacher sa fragilité.

L'espace du lien

Pourtant, cette ouverture du cœur est la condition nécessaire d'une vraie rencontre avec d'autres êtres vivants, avec la réalité, avec le monde. Elle est l'espace où un *lien* peut se tisser. Et se sentir lié de telle manière que le cœur se serre, voilà l'épreuve de *karuna*. La vulnérabilité du cœur est le signe d'une ouverture inconditionnelle et vivante à ce qui est. Ce n'est pas tant que nous avons à être compatissants ou charitables avec autrui, mais bien plutôt que nous avons à reconnaître que **la rencontre avec l'autre peut nous affecter, nous transformer, nous atteindre.**

Karuna est indissociable de l'épreuve de *shunyata*, la vacuité, mais aussi de *prajña*, le discernement. Cette sagesse tout à fait particulière, cette acuité qui embrasse toute la situation sans conceptualiser quoi que ce soit, rend possible à l'être humain d'entrer en rapport avec tout ce qui l'entoure, d'en éprouver de la souffrance et désirer ardemment qu'elle cesse.

L'épreuve de *karuna* et de *shunyata* est la voie d'accès au **Mahayana**, cette voie qui donne droit à la grandeur et à l'ampleur du cœur. Il n'y a plus de limite à être entièrement remué, touché par le réel ; chaque expérience est l'occasion d'une ouverture plus grande du cœur.

La compassion est, avec la **bienveillance aimante**, la **joie** et **l'équanimité**, un des Quatre Incommensurables, selon la tradition bouddhiste.

Pour aller plus loin : Mahayana – Vacuité – Six *paramitas* – Les trois Tours de Roue et les Trois véhicules – Non-ego – Méditation – *Bodhisattva* – Bienveillance aimante – Joie – Équanimité.

La Compassion (karuna)

L'essentiel en 5 secondes

- La compassion doit être comprise comme la qualité originelle du cœur à être touché et vulnérable, et non pas comme un « souffrir avec ».

- La compassion émerge de la faculté qu'a un être humain de se relier à un autre être vivant après avoir vu qu'il n'y avait pas de séparation entre lui et l'autre.

- En tibétain, « compassion » se dit « noble cœur ».

- Compassion et vacuité sont la voie d'accès au Mahayana.

25

La bienveillance aimante (maitri)

Pour montrer ce qu'est la bienveillance aimante, il faut revenir à la **compassion**, avec laquelle elle s'articule. Rappelons-nous que la compassion est cette épreuve que nous faisons de la vulnérabilité de notre cœur. Mais, cette épreuve, nous n'en faisons pas souvent l'expérience, car, par peur de souffrir, nous la repoussons au loin. Le monde extérieur nous semble hostile, et nous nous cachons derrière des remparts que nous pensons solides.

Ce réflexe conditionné n'est pas propre à l'homme moderne. Déjà au temps du Bouddha, les pratiquants se cloisonnaient dans leur pratique de peur de souffrir en s'ouvrant au monde. Le Bouddha, constatant qu'ils avaient besoin de surmonter cette peur, leur transmit la pratique de la bienveillance aimante (*maitri* en sanskrit), car c'est le profond manque d'amour qui engendre la peur.

Un entraînement à l'ouverture du cœur

S'il s'agit d'une pratique, cela veut dire qu'il y a une chose à laquelle nous pouvons nous entraîner, et cette chose, c'est aimer. En effet, il est possible d'apprendre à entrer en familiarité avec la fragilité de notre cœur pour l'habiter pleinement. **Il est possible d'entrer dans un rapport de tendresse avec ce qui nous fait souffrir.**

Ce rapport à la bienveillance ne nous est pas donné d'emblée : il faut l'apprivoiser. C'est le sens de la pratique dont il est question ici. Elle ne confère aucune compétence si ce n'est celle que l'être humain a par nature : il est toujours possible d'aimer. Le verbe « aimer » a ici une portée qui dépasse largement la relation amoureuse. En effet, *maitri* en sanskrit signifie « l'amicalité », « devenir ami avec », « être en lien avec »... soi, les autres, le monde.

Dire « OUI ! » à ce qui est

La bienveillance aimante est donc cette capacité du cœur à simplement dire « OUI ! » à ce qui est, de manière franche et confiante. « Simplement » ne veut pas dire « facilement », car il faut surmonter l'agression, la violence et la haine qui empêchent d'accueillir ce qui est. Ce « OUI ! » doit se faire dans un mouvement de tendresse, car il s'agit bien ici de tendre vers ce qui est, même le plus douloureux, dans un mouvement pleinement concerné, le toucher sans l'abîmer et le détendre. Un rapport paisible à la réalité peut alors s'installer. Le cœur peut s'ouvrir au rayonnement de la présence aimante et de la bonté ; cela permet de s'accorder au monde et à son rythme.

> « Vous pouvez chercher dans tout l'univers qui a mérité plus que vous tout votre amour, vous ne le trouverez pas. »
>
> **Bouddha**

La bienveillance aimante est un des Quatre Incommensurables, avec la compassion, la joie et l'équanimité.

Pour aller plus loin : Compassion – Méditation – Équanimité – Joie – Mahayana.

La bienveillance aimante (maitri)

L'essentiel en 5 secondes

- La bienveillance aimante est une pratique qui permet de cultiver l'ouverture du cœur.

- Elle aide à entrer en amitié avec la vulnérabilité de notre cœur.

- La bienveillance aimante, c'est dire « OUI ! » au présent vivant.

26

La joie (mudita)

La **compassion**, la **bienveillance aimante**, la joie et **l'équanimité** sont appelées dans le bouddhisme les Quatre Incommensurables. Ces qualités sont dites « incommensurables » car elles ne peuvent être saisies par aucun concept et n'ont pas de limite dans leur déploiement. Elles signent elles aussi l'entrée dans le **Mahayana**, la voie de la démesure, où l'amour, la compassion, la joie et l'équanimité peuvent s'étendre et irradier dans toutes les directions.

La joie est un contentement heureux, un profond sentiment de paix qui émane de tout l'être du pratiquant. C'est une joie d'être simplement là et aussi une joie d'entrer en rapport avec tout ce qui entoure le pratiquant. Il y a une grande aspiration à ce que cette joie inconditionnelle soit partagée par tous les êtres vivants.

Cette joie est ressentie intensément lorsque nous voyons la joie et le bonheur d'autrui ; aucune envie ou jalousie ne vient souiller cette qualité.

Pour aller plus loin : Compassion – Méditation – Équanimité – Bienveillance aimante – Mahayana.

La joie (mudita)

L'essentiel en 5 secondes

- À la vue du bonheur d'autrui, une joie incommensurable est ressentie.
- Aucun sentiment de jalousie ou d'envie ne vient troubler cette joie.
- Il n'y a pas de limite à la radiation de cette joie.

27

L'équanimité (upeksha)

Dernière des Quatre Incommensurables (avec la compassion, la bienveillance aimante et la joie), **l'équanimité est le fait de cultiver une égalité d'esprit quelles que soient les circonstances.** Étymologiquement, *upeksha* signifie « regarder de haut ». Ainsi, si nous sommes injuriés, nous ne nous emportons pas, et si nous recevons mille compliments nous ne nous emballons pas non plus.

Cette qualité est très importante, car sans elle les trois autres qualités pourraient tourner au vinaigre. La bienveillance pourrait glisser vers l'attachement, la compassion deviendrait une émotivité pleine de pathos, et la joie friserait l'exaltation.

L'équanimité est malheureusement souvent confondue avec la froide indifférence, et c'est sans doute ce qu'elle serait si elle n'était pas accompagnée du discernement. Mais elle en est en fait l'exact opposé, car elle libère l'action. En effet, l'équanimité permet d'embrasser une situation avec un esprit entièrement libre de l'agression, de la passion ou encore des jugements et des opinions. Cette disposition d'esprit permet de libérer toutes les possibilités d'une situation, car nous n'y accolons pas d'emblée toute une série de préconceptions qui forcément la restreindraient.

Pour aller plus loin : Compassion – Méditation – Joie – Bienveillance aimante – Mahayana.

L'équanimité (upeksha)

L'essentiel en 5 secondes

- L'équanimité est une égalité d'esprit.

- Sans attachement ni rejet, en étant équanime, la situation est vue clairement pour ce qu'elle est.

- L'équanimité est le contraire de l'indifférence, car elle permet d'agir pour le mieux, pour nous et pour les autres, selon la situation.

28

L'appel de l'Éveil (bodhicitta)

Les enseignements bouddhistes sont réputés pour décrire très finement ce que sont l'existence humaine et l'expérience que tout homme en fait. À un point de son chemin, celui qui suit la voie du Bouddha va faire l'expérience de ce qui est appelé en sanskrit la *bodhicitta*. Prenons le temps de comprendre ce que ce mot veut dire. La *bodhi* signifie l'« Éveil », et *citta* est une des dénominations de l'esprit, comme nous l'avons vu dans la notion ***prajña*** (le discernement). Rappelons-nous que l'image utilisée dans la tradition pour illustrer cette faculté de l'esprit est le singe qui saute de branche en branche. *Citta* est cette faculté bondissante de l'esprit, toujours happé par un nouveau divertissement ; il est comme une girouette animée par le vent de la volonté.

Dans le mot qui nous occupe, *-citta* est cette fois accolé à *bodhi-*, ce qui signifie que **l'esprit** n'est plus mû par l'attrait d'un quelconque divertissement aussitôt remplacé par un autre, mais qu'il **est mû par l'appel de l'Éveil.**

L'appel du Vaste

En rencontrant les **Quatre Nobles Vérités**, le pratiquant du **Hinayana** se place dans l'horizon du ***nirvana***, c'est-à-dire de l'extinction de tout ce qui produit de la confusion, de la fin de la souffrance. Mais, à un moment donné, son horizon se transforme sans qu'il ait eu à faire quoi que ce soit pour cela. Son esprit n'est plus tourné vers cet état qu'est le *nirvana* mais vers quelque chose de bien plus grand, de bien plus ample : c'est l'appel de l'Éveil et le premier pas dans le Mahayana. Ce qui meut l'esprit du pratiquant est l'Éveil même ; son horizon bascule dans le Vaste. Cet appel est lié à la découverte de l'Éveil comme la nature primordiale de notre esprit, le **Tathagatagarbha**, que nous aborderons plus loin.

L'ouverture

La *bodhicitta* a deux facettes : la première est celle qui est appelée « ultime », *paramartha* en sanskrit. Le mot sanskrit nous aide à comprendre le saut qu'il s'agit de faire pour répondre à cet appel : *para-* veut dire « au-delà de », et *-artha* indique ce qui est « dans l'ordre de la réalité » et signifie donc **aller au-delà de l'ordre de la réalité conventionnelle et changer radicalement de point de vue.** Comprenons bien qu'il ne s'agit pas d'une action de la volonté : le pratiquant ne se dit pas un matin qu'il va voir les choses autrement, c'est une pensée absolument non fabriquée. Au fil de la pratique de la **méditation** naît en lui cette aspiration profonde à larguer les amarres vers un ailleurs qu'il ne connaît pas et qui est nulle part. Cette aspiration va de pair avec un sentiment de confiance inconditionnelle dans la situation dans laquelle il est ; il y est radicalement ouvert. Il ne désire plus la modifier pour son bénéfice mais s'y tient, tout bonnement. Son aspiration devient elle aussi beaucoup plus ample : celle que tous les êtres puissent s'établir dans cette confiance et entendre l'appel de l'Éveil en eux.

La chaleur

Si faire l'expérience de la *bodhicitta* ultime n'est pas un acte de la volonté, elle nécessite pourtant que le pratiquant opère au fil du temps une conversion du regard, qu'il cultive des qualités qui lui permettront d'être mieux disposé à entendre cet appel. C'est ici que nous pouvons introduire la deuxième facette de la *bodhicitta* : la *bodhicitta* relative, *samvriti* en sanskrit.

C'est dans la pratique du monde, du quotidien, que se déploie la *bodhicitta* relative. Il faudrait pouvoir entendre dans l'adjectif « relative » le fait d'« être en lien avec… ». **Toutes les situations dans lesquelles le pratiquant se trouve, les personnes qu'il rencontre**

sont l'occasion de l'épanouissement de l'esprit d'éveil grâce à la compassion. Il y a un accueil réel et confiant de tout ce qui survient, ce qui est agréable comme ce qui est désagréable, sans distinction. Le mot sanskrit *samvriti* signifie justement cet accueil chaleureux. Voyez comme cela va de pair avec l'expérience de compassion que nous avons explicitée précédemment.

Plus facile à dire qu'à faire !

Celui qui chemine sur la voie du Mahayana, le *bodhisattva*, est alors invité à pratiquer la voie des **six *paramitas***, que nous allons expliquer en détail dans la notion suivante. Les *paramitas* sont autant de dispositions d'être qui permettent à la *bodhicitta* d'être reconnue et de se déployer : le don, la noble conduite, la patience, le courage, la méditation et le discernement.

Pour aller plus loin : Compassion – Méditation – Vacuité (*shunyata*) – Mahayana – Hinayana – Tathagatagarbha – Six *paramitas* – Nobles Vérités (notions 8, 9, 10) – *Nirvana*.

L'appel de l'Éveil (bodhicitta)

L'essentiel en 5 secondes

- La bodhicitta pointe l'expérience de l'esprit mû par l'appel de l'Éveil.
- Le bodhisattva qui entend cet appel aspire à partir à la découverte d'une réalité qui dépasse les fabrications conventionnelles.
- Il existe une voie qui entraîne le bodhisattva à cultiver cet appel de l'Éveil dans chaque situation du quotidien : la voie des six paramitas.

29

Les six traversées (paramitas)

29

Allez au-delà !

Le mot *paramita* est régulièrement traduit par « vertu » ou par « perfection » en français, mais aucune de ces traductions ne rend véritablement compte de ce qu'est une *paramita*. En sanskrit, *para-* signifie « au-delà » (nous avons déjà rencontré ce préfixe dans la *bodhicitta paramartha*), et *-mita* signifie « la limite ». Il s'agit donc de dispositions d'être qui permettent d'aller au-delà de la limite. Il y a ainsi une ligne de démarcation entre d'une part tout ce qui constitue nos jugements, nos illusions, notre besoin de catégoriser, de conceptualiser, nos actions intentionnelles, et d'autre part un état d'esprit et des actions qui ne sont plus du tout régis par la volonté ordinaire mais qui se déploient à partir de l'Éveil même.

Sans doute cela semble-t-il difficile à réaliser, c'est pourquoi il y a un chemin à suivre pour nous familiariser avec ce nouvel horizon : celui des six *paramitas*, ou des « six traversées ». Les voici énoncées : le don (*dana*), la noble conduite (*shila*), la patience (*ksanti*), le courage (*virya*), la méditation (*dhyana*) et le discernement (*prajña*).

Le don (dana)

Le don inaugure ces six *paramitas*. Le sommet de l'existence humaine réside dans la générosité (la signification du mot sanskrit *dana*), dans le fait de donner. En effet, **donner enrichit en fait beaucoup plus celui qui donne que celui qui reçoit**. Le geste du don est celui de la fructification : c'est purement gratuit, sans condition. Il permet de lutter contre le sentiment lancinant de pauvreté qui étreint bon nombre de personnes. Il y a plusieurs manières de donner. La première est le don matériel simple (aider les personnes qui sont dans le besoin). La deuxième est le don de protection, qui nous engage pleinement quand la vie d'autrui est en danger. Et la troisième manière de donner est le don pur des enseignements spirituels à ceux qui en éprouvent l'aspiration et selon leur disposition d'écoute.

La noble conduite (shila)

Vient ensuite la noble conduite (*shila*). Cette *paramita* pointe la nécessité de porter attention à la manière dont on se tient dans le monde. Ce n'est évidemment pas d'un manuel de savoir-vivre qu'il est question ici, même si une importance est accordée à la tenue. Il s'agit de **donner droit à une attitude éthique par rapport à soi-même, aux autres, au monde dans lequel on vit.** Comment ne pas en faire une morale des bons sentiments, avec des « Je dois faire ceci », « Je ne peux pas faire cela » ? En s'appuyant sur le terreau de la compassion. En effet, en donnant droit à cette ouverture du cœur qui nous met immédiatement en rapport le plus intime avec la souffrance, celle qui nous traverse, celle de ceux que nous rencontrons, nous savons spontanément ce que la situation requiert que nous fassions, et nous agissons avec justesse.

La patience (ksanti)

La troisième *paramita* est la patience, *ksanti*. La racine de ce mot est la même que celle du mot grec qui désigne les profondeurs de la Terre : *khtôn*. Cela n'est pas anodin, car qu'y a-t-il de plus solidement patient que les entrailles de la Terre ? La Terre est la grande patiente : rien ne lui pèse, car elle n'attend rien mais nourrit en son sein les fruits futurs selon des rythmes sans commencement ni fin. **La patience s'exerce face aux personnes qui nous causent du tort, face aux situations difficiles et enfin face à la réalité tout entière.**

Le courage (virya)

Le courage ou la vaillance (*virya*) suit directement la *paramita* de la patience. Après le recueillement dans la solidité de la patience peut se déployer **l'action vaillante et énergique**. La pratique est enthousiaste et allègre, dénuée de toute fatigue. Nos actions sont portées par un allant plein de vigueur et accomplies avec virtuosité – mot qui partage d'ailleurs la même racine **vir*.

La méditation (dhyana)

L'avant-dernière *paramita* est la méditation (*dhyana*). Nous partirons à la découverte précise de ce qu'est la méditation dans les différentes notions qui lui seront consacrées, mais il faut d'ores et déjà expliciter la raison de sa place dans les six *paramitas*. En sanskrit, *dhi* est une des trois facettes de l'esprit avec *citta* et *manas* (voir ***samadhi***). *Dhi* est la qualité entièrement spacieuse, ouverte et sans détermination de l'esprit. Nous avons vu avec les *paramitas* précédentes comment l'action pouvait se déployer depuis l'horizon de l'Éveil. Ici aussi **il est question d'une action, mais de celle qui naît d'une immobilité incommensurable** : *dhyana*, la méditation. Dans le Mahayana éclatent toutes les différences que nous opérons habituellement. Ainsi disparaît aussi la différence entre la méditation et la post-méditation.

Le discernement (prajña)

Enfin, la dernière « traversée » est celle de la *prajñaparamita*. Nous avons déjà indiqué précédemment que la *prajña* se rapportait au discernement, à la faculté de voir les choses clairement telles qu'elles sont. Le cheminement tout au long de ces « traversées » mène à cette vision sans saisie et sans fabrication qu'est la *prajña*. **Le trait majeur de**

ce discernement ultime est qu'il s'établit à partir d'une bonté primordiale envers toute chose telle qu'elle est.

Pour aller plus loin : Compassion – Méditation – Mahayana – Hinayana – L'action juste (*shila*) – La méditation juste (*samadhi*) – La compréhension juste (*prajña*) – Présence attentive (*shamatha* et *vipashyana*) – *Bodhisattva.*

Les six traversées (paramitas)

L'essentiel en 5 secondes

- Les paramitas permettent aux bodhisattvas d'expérimenter l'Éveil à partir de chacune de leurs actions.

- La pratique des paramitas entraîne les bodhisattvas à aller au-delà des limites de la réalité conventionnelle.

- Elle leur permet aussi de cultiver une disposition d'être éveillé.

30

Le bodhisattva, « héros pour l'Éveil »

Libérer tous les êtres de la souffrance

Qui sont ceux qui pratiquent les **six *paramitas*** ? Les *bodhisattvas* ! Ce mot sanskrit se traduit par « les êtres pour l'Éveil » ou « les héros pour l'Éveil » selon le mot tibétain (*changchup kyi sempa*). Le *bodhisattva* est cet être qui, animé par la **compassion** la plus grande, aspire au plus profond de lui à la libération de tous les êtres de la souffrance et des causes de la souffrance. Cette aspiration se manifeste par **la prise de vœux** spécifiques scellant ainsi son engagement sur la voie des *bodhisattvas*. Les textes fournissent de nombreux exemples de vœux prononcés par des *bodhisattvas*. Voici à titre d'exemple les dix grands vœux du *bodhisattva* Samantabhadra, qui servent encore aujourd'hui de modèle pour les pratiquants du Mahayana chinois : 1) rendre hommage à tous les Bouddhas ; 2) adresser des louanges aux Bouddhas ; 3) pratiquer abondamment des offrandes ; 4) se repentir des souillures karmiques ; 5) se réjouir des mérites d'autrui ; 6) prier le Bouddha d'enseigner le *dharma* ; 7) faire des souhaits pour que le Bouddha reste dans ce monde ; 8) suivre constamment ses enseignements ; 9) vivre en harmonie avec toutes les créatures ; 10) étendre universellement le bénéfice des mérites.

Discernement et purification

Nous l'avons vu, la reconnaissance de l'esprit d'éveil est le premier pas sur la voie du *bodhisattva*. Son aspiration à la libération de tous les êtres vivants est le fruit de l'appel de l'Éveil en lui. Pour être à la mesure de cet appel, le *bodhisattva* va devoir accumuler sagesse et mérites, comme il est dit dans la tradition. Il faut comprendre « accumulation » non pas dans le sens de « faire une provision de quelque chose » : il s'agit plutôt de déployer toutes les qualités du discernement d'une part et de veiller d'autre part à ce que les actions accomplies le soient de telle manière qu'elles ne souillent ni leur auteur ni les autres êtres vivants. « Mérites » doit ainsi être entendu non pas comme ce pourquoi le *bodhisattva* pourrait recevoir des louanges, mais plutôt, comme l'étymologie du mot sanskrit *punya* l'indique, dans le sens de ce qui le purifie de tous les conditionnements. La pratique des six *paramitas* prend ici tout son sens.

Les préceptes et les étapes

Les *bodhisattvas* suivent un certain nombre de préceptes qui visent à développer l'esprit d'éveil en eux. Ces préceptes se divisent en deux groupes : les préceptes de l'esprit d'éveil en aspiration et ceux de l'esprit d'éveil en action. Les préceptes de l'esprit d'éveil en aspiration consistent à ne pas abandonner les êtres, à se rappeler les bienfaits de l'esprit d'éveil, à pratiquer les deux accumulations (des mérites et de la sagesse), à s'entraîner continuellement à l'esprit d'éveil, à rejeter les quatre comportements néfastes (tromper les maîtres spirituels, regretter des actes qu'il n'y a pas lieu de regretter, adresser des paroles de colère à un *bodhisattva* et tromper les autres) et à adopter les quatre comportements favorables (ne jamais mentir, établir tous les êtres dans le Mahayana, reconnaître le Bouddha en tous les *bodhisattvas*, cultiver des pensées élevées à l'endroit de tous les êtres sans hypocrisie). Les préceptes de l'esprit d'éveil en action que les *bodhisattvas* s'entraînent à mettre en œuvre consistent en **la pratique des six *paramitas*.**

La voie des *bodhisattvas* suit une progression en cinq étapes. La première voie est celle de l'*accumulation* (des mérites et de la sagesse) ; c'est le niveau du *bodhisattva* « débutant ». Ensuite vient la voie de la *jonction*, qui est le niveau de la pratique confiante où le pratiquant aspire à connaître la vacuité. La troisième voie est celle de la *vision*, où le *bodhisattva* expérimente réellement la vacuité. La voie de la *méditation* est la quatrième étape, qui établit le pratiquant dans la vue de la réalité non fabriquée. Enfin, la cinquième voie est celle de l'*accomplissement*. Tous les voiles illusoires (émotionnels et cognitifs) sont alors abandonnés ; c'est le niveau du Bouddha parfaitement accompli.

La tradition dénombre huit grands *bodhisattvas*, qui sont autant de supports de méditation et d'inspiration pour les pratiquants. Manjusri, le « Doux Prince » : toujours jeune, il porte dans ses mains le soûtra de la *prajñaparamita* et le glaive, avec lequel il tranche toutes les hésitations. Il personnifie la sagesse. Avalokiteshvara, « le Seigneur qui observe » : il représente la compassion. Vajrapani, « le Porteur de foudre » : il personnifie la vigueur et la puissance d'action. Samantabhadra, « l'Auspicieux » : il représente la vérité ultime et la pratique de la méditation. Akaskagarbha, « l'Origine de l'espace ». Ksitigarbha, « l'Origine de la Terre ». Maitreya, « le Bienveillant », le futur Bouddha. Et le huitième, Sarvanivaranavishkambhin, « Celui qui écarte tous les obstacles ».

Pour aller plus loin : *Bodhicitta* – Compassion – Méditation – Mahayana – La Noble Conduite (*shila*) – Six *paramitas*.

Le bodhisattva, « héros pour l'Éveil »

L'essentiel en 5 secondes

- Les bodhisattvas, les « héros pour l'Éveil », font le vœu de libérer tous les êtres sensibles de la souffrance et de ses causes.

- Comme l'arhat était l'être accompli du Hinayana, le bodhisattva est l'être accompli du Mahayana.

- Les bodhisattvas pratiquent la voie des six paramitas pour animer en eux l'esprit d'éveil.

31

Le Tathagatagarbha : l'Éveil originel

La première chose à faire devant un pareil mot, c'est de ne pas s'affoler ! Et de nous rappeler certaines choses... Reprenons une métaphore bien aidante : les enseignements du Bouddha montrent la voie qui mène d'une rive où l'Éveil n'est pas reconnu dans l'existence du pratiquant à la rive éveillée de son existence. Poursuivons : le Bouddha a traversé les eaux et voit ce qu'est l'existence à partir de l'Éveil. À ce moment, il se demande comment transmettre son expérience à tous ceux qui n'ont pas encore fait cette traversée. Il craint d'utiliser un langage propre à son nouveau sol qui ne pourrait être compris de tout autre. Il va donc prendre un certain temps avant de décider d'enseigner et de tourner la **Roue du *Dharma***.

Une voie progressive

Le Bouddha était un grand pédagogue : il avait cette précieuse qualité de pouvoir transmettre ses enseignements à partir d'un point de vue qui pouvait être compris par celui qui l'écoutait. Il enseignait différemment selon qu'il s'agissait d'un roi, d'un pâtre, d'une mère ayant perdu son enfant, et son interlocuteur se disait instantanément : « Cette parole, elle me parle ! » Il en reconnaissait la vérité dans son expérience propre.

Après l'Éveil, le Bouddha a donc renoncé à transmettre son expérience de l'existence éveillée, simplement car cette parole aurait été inaudible. Il a donc réfléchi à tracer un chemin qui parlerait à tous à partir de leur expérience : c'est l'enseignement des **Quatre Nobles Vérités**. Il tourna ensuite une seconde fois la **Roue du *Dharma***, car il estimait que ses zélés disciples étaient arrivés à un point du chemin où l'enseignement sur la **vacuité** ferait sens à leurs yeux. Vint enfin le temps où le Bouddha pu transmettre à partir de ce qu'il avait vu avec un œil éveillé. Il tourna alors pour la troisième fois la Roue du *Dharma* et enseigna le *Tathagatagarbha*.

La dimension originelle de l'existence est l'Éveil

Ayons à l'esprit que *Tathagata* est l'un des nombreux noms que portent tous les Bouddhas. Étymologiquement, voici comment se décompose ce mot : *tatha* veut dire « ainsi » dans le sens de « C'est ainsi ! », *gata* signifie « allé » et *garbha* « la matrice » et « l'embryon », pointant donc la dimension originelle. Nous arrivons à « l'ainsi-allé-originel ». Qu'est-ce que cela veut dire ? Tout simplement que la dimension de l'Éveil est originelle, c'est-à-dire que dès l'origine l'Éveil est la dimension de l'existence. Nous comprenons mieux maintenant pourquoi l'Éveil est quelque chose que nous avons non pas à atteindre mais à « dé-couvrir » : nos yeux doivent être décillés.

Vous rappelez-vous que le deuxième Tour de Roue pointait la découverte de l'appel de l'Éveil (la ***bodhicitta***) ? Au troisième Tour de Roue, c'est une découverte extraordinaire de simplicité qui se produit : la réponse est dans l'appel, toujours originellement « déjà là », à la fois en gestation – et c'est ici l'image de l'embryon –, à la fois entièrement épanoui – et c'est l'image de la matrice. Nous comprenons donc alors que **l'Éveil originel, le *Tathagatagarbha*, n'est jamais coupé de l'existence : il en est sa dimension même.**

> « La langue du Bouddha c'est la langue de l'Éveil, celle dont l'unique grammaire est le seul silence, celle dont l'absence de formulation est la seule expression. »
>
> **Jean-Marc Vivenza,**
> *Nâgârjuna et la doctrine de la vacuité*[1]
>
> 1. *Op. cit.*, p. 111.

Ainsi, cette voie de pratique n'est pas dépourvue d'un élément de grâce, car, venant à la fois de l'Éveil et de nulle part, il est donné au pratiquant à un moment de son cheminement d'ouvrir les yeux sur le *Tathagatagarbha*, et c'est un pur don.

Pour aller plus loin : Trois Tours de Roue – *Dharma* – Vacuité – Hinayana – Mahayana – *Mandala* – Tantra.

Le Tathagatagarbha : l'Éveil originel

L'essentiel en 5 secondes

- La découverte du Tathagatagarbha est une étape sur la Voie.

- Le Tathagatagarbha pointe la dimension originelle de l'Éveil.

- Tout être vivant a en lui la dimension de l'Éveil, mais les voiles de l'ignorance qui recouvrent son esprit l'empêchent de s'éveiller à cette vérité.

32

Mandala

Pourquoi parler d'un mandala ?

Les soûtras du troisième **Tour de Roue**, comme le soûtra de la Guirlande de fleurs (*Avatamsaka*), sont surprenants. Le lecteur de ces textes est perdu, car il n'y a plus rien de connu à quoi il puisse s'accrocher. Ces soûtras parlent depuis la rive de l'Éveil que nous avons évoquée dans la notion ***Tathagatagarbha***. Ils donnent un aperçu de la manière dont les **Bouddhas** et les ***bodhisattvas*** voient le monde. Chaque Bouddha qui enseigne la voie de l'Éveil manifeste un monde particulier dans lequel tous les êtres qui l'écoutent s'éveilleront à leur tour. Ces mondes sont, dans certains textes (notamment l'*Avatamsaka*), faits de tours immenses, de joyaux formidables, de jeux de miroirs qui se répondent, de fleurs qui poussent au milieu des charniers, de grains de sable portant un monde à eux tout seuls ; bref, c'est la démesure la plus grande afin qu'à aucun moment celui qui écoute ne puisse conceptualiser ce qu'il entend. Cela le dépasse !

Le lien entre monde et existence est sacré

Si la notion de monde est au centre de ces dernières lignes, c'est que l'existence ne peut se déployer qu'à partir d'un monde (ce qui s'appelle en philosophie « être-au-monde ») : dès que nous sommes pris dans l'existence, nous sommes pris dans un monde qui en constitue la structure. Ce lien entre existence et monde est indestructible et donc sacré.

LE SAVIEZ-VOUS ?

Quel lien avec un *mandala* ? *Mandala* veut dire « cercle » en sanskrit ; c'est la manifestation du monde sacré que chaque Bouddha déploie dans sa plus parfaite unité. Pour mieux comprendre encore pourquoi la compréhension de la notion de *mandala* est une ressource pour nous Occidentaux, penchons-nous sur le mot tibétain qui le désigne : *kyil khor*, qui se compose de *kyil*, qui veut dire « le centre », et de *khor*, qui signifie « la périphérie ».

Rappelons-nous ce que nous avons vu un peu plus haut : **le *mandala* est la manifestation éveillée du monde déployée par le Bouddha, qui se tient en son centre. Le centre est ce point d'ouverture, libre de l'ego, et la périphérie représente l'ensemble des phénomènes vus exactement pour ce qu'ils sont.** Dans l'espace délimité par la périphérie, tout s'accorde et se répond dans une unité parfaite.

Voir les rapports qui forment l'unité parfaite

Le *mandala* est l'expérience d'un monde absolument unifié, dans une limite donnée, où tout est relié. Le pratiquant ne découpe plus le monde en petits morceaux pour en analyser chaque partie mais se trouve au centre de ce monde et voit immédiatement tous les rapports qui le constituent. En périphérie du *mandala* se situent tous les phénomènes, les émotions, les sensations, les expériences. La confusion comme la clarté, la colère comme le calme, la jalousie comme l'équanimité, les situations douloureuses comme joyeuses, absolument rien n'est rejeté ou considéré comme mauvais. Au contraire, pris dans l'espace du *mandala*, ces phénomènes, simplement considérés pour ce qu'ils sont, transmutent et sont vus comme les multiples visages de l'Éveil.

Pour aller plus loin : Les trois Tours de Roue et les Trois véhicules – Bouddha – *Bodhisattva* – *Tathagatagarbha* – Tantra.

Mandala

L'essentiel en 5 secondes

- Le mandala est la manifestation du monde sacré que chaque Bouddha déploie dans son unité parfaite.

- Le mandala est une danse entre le centre, qui est le point d'ouverture, et la périphérie, qui représente l'ensemble des phénomènes.

- Le mandala est l'expérience d'un monde unifié où chaque expérience, bonne ou mauvaise, est vue comme un des visages de l'Éveil.

33

Le Tantra : la voie de l'intrépidité

Fabrice Midal, dans son livre *Comment être bouddhiste ?*[8], utilise une métaphore riche de sens pour comprendre les différentes attitudes sur le chemin que sont le **Hinayana**, le **Mahayana** et le Tantra. Permettez-moi ici de la reprendre en substance, car je la trouve très éclairante.

Le Hinayana tout d'abord est la voie de la vigilante discipline, où le pratiquant va – avec une précision sans faille – ôter de l'arbre de son existence les fruits pourris de la confusion et de l'agression. Voilà qui est long et laborieux mais qui lui apprend, au fur et à mesure de sa pratique, à se tenir droit et digne dans son existence, et à pouvoir en éprouver un réel contentement.

Ensuite, le chemin du Mahayana invite le pratiquant à s'attaquer directement aux causes de la confusion et ainsi à déraciner l'arbre qui porte les fruits pourris. Cela ne lui est possible que grâce à une méditation scellant l'alliance entre la **vacuité** et la **compassion**. Il peut alors faire de l'espace ouvert et chaleureux son foyer.

Manger les fruits empoisonnés de la confusion

Le saut dans le Tantra (aussi appelé « Vajrayana »), enfin, est un geste beaucoup plus radical qui tranche avec toute conception dualiste : il n'y a plus de différenciation entre ce qu'il faut garder et ce dont il faut se séparer. Le pratiquant mord à pleines dents dans les fruits empoisonnés de la confusion ! Chaque situation, chaque difficulté, chaque expérience porte en elle la possibilité d'une transmutation. Au sein même de ce qui est pourri se trouve l'ouverture. **L'agression, la passion, les angoisses, la culpabilité, tout ce dont le pratiquant aimerait se débarrasser à jamais est dorénavant vu comme une ressource extraordinaire pour entrer en rapport avec ce qui est le plus vif dans l'existence.** En effet, chacune de ces sensations qui provoquent le mal-être est reconnue non plus comme de la gangrène mais comme une qualité primordiale

8. Midal F., *Comment être bouddhiste ?*, Paris, Pocket, 2014, p. 132.

qui aurait tourné au vinaigre à force de manquer de confiance en elle.

La voie de l'intrépidité

Le Tantra est la voie de la confiance absolue en une santé primordiale que le pratiquant découvre avec l'expérience de l'Éveil originel qu'est le *Tathagatagarbha*. C'est une voie intrépide, car elle demande l'abandon de nos préconceptions sur ce qui est bien ou mal, de ce qui se fait ou ne se fait pas. C'est pourquoi cette sagesse particulière est appelée la « folle sagesse », car elle n'est soumise à aucun précepte moral. Dans la tradition bouddhiste, nombre d'histoires de pratiquants du Tantra le démontrent (voir **Milarépa**). Ils doivent aller jusqu'au bout de la découverte de ce qui les anime pour qu'il y ait transmutation. Tant qu'il y a mise à distance, il n'y a pas de transmutation possible.

Le Tantra est une ressource pour le monde moderne, car dans ce monde de plus en plus aseptisé et normatif il permet au pratiquant de se relier au vif de l'existence. Plus rien ne fait défaut, le monde est vu dans l'entièreté de son déploiement. C'est exactement le principe du ***mandala***, explicité dans la notion précédente. Chaque phénomène est vu dans toute sa portée symbolique et relié à l'ensemble de tous les autres phénomènes constituant le monde. Rien n'existe d'autre que les rapports que toutes les choses ont entre elles.

Au moment où j'écris ces lignes, nous sommes à la tombée de la nuit, non loin des bords de Seine ; le chant des oiseaux accompagne la lente descente de la lumière, et, pour qui sait écouter, les harmoniques de ce chant sont singulièrement différentes de celles du chant de l'aurore. Les oiseaux sont accordés au rythme du monde. Au pratiquant du Tantra d'en reconnaître le pur poème !

Pour aller plus loin : Les trois Tours de Roue et les Trois Véhicules – Hinayana – Mahayana – *Mandala* – Tantra – Milarépa.

Le Tantra : la voie de l'intrépidité

L'essentiel en 5 secondes

- Le pratiquant du Tantra ne rejette rien de l'expérience. Il est amoureux fou de la réalité, dans tous ses aspects.
- Il ne fait plus de distinction entre ce qui est sain ou empoisonné, car tout est occasion de transmutation en expérience d'éveil.
- Chaque phénomène est vu dans sa portée symbolique et en lien avec l'entièreté du monde.

34

La méditation, ce qu'elle n'est pas

La pratique de la méditation est le cœur même du bouddhisme[9]. Sans elle, tous les enseignements resteraient doctrinaires et arides. Au fond, ils ont pour vocation de décrire le plus précisément possible l'expérience du pratiquant en méditation et en post-méditation tout au long de son chemin sur la voie de l'Éveil. Pour montrer ce qu'est l'expérience de la méditation, il faut impérativement déconstruire tout ce que l'on croit savoir sur elle.

Elle ne relaxe pas

Nous vivons dans un monde hypertendu, où nous sommes appelés en permanence à répondre à de multiples sollicitations. Notre corps et notre esprit sont tendus, parfois jusqu'à la brisure, afin de garder le rythme du temps. Disons-le pourtant tout net : **la méditation n'est pas un nouvel outil pour nous détendre ou nous relaxer.** Bien qu'il soit important de soulager les tensions, de nombreuses autres techniques s'offrent à nous pour remplir cet objectif. Se tourner vers la méditation pour atteindre cette finalité serait une erreur certaine.

Par un entraînement à regarder avec précision et clarté tout ce qui est, le pratiquant va très vite découvrir que son esprit, parfois très agité ou parfois vraiment apathique, colore toute son expérience. Le point important ici est qu'il ne va pas essayer de modifier cela et ne va pas tenter d'apaiser les tensions qu'il rencontre. Il va au contraire ouvrir un rapport réel à son existence, par un travail d'intelligence bienveillante plutôt que d'apaisement.

S'il est vrai qu'il arrive parfois que le méditant se sente détendu après la pratique, ce n'est pas automatique, et, surtout, cette détente provient du fait qu'il s'est ouvert inconditionnellement au moment

9. Pour plus de détails sur cette pratique, vous lirez avec profit MIDAL F., *La* MÉDITATION, PARIS, PUF, COLL. « QUE SAIS-JE ? », 2014.

présent, en s'y abandonnant. La détente n'est donc pas le *sens* de la pratique, même si elle peut l'amener.

Elle ne nettoie pas l'esprit des pensées et des émotions

Tant qu'il y a esprit, il y a aussi pensées et émotions. Fabrice Midal, le fondateur de l'École occidentale de méditation[10], a coutume de dire que méditer, ce n'est pas faire une soustraction : « méditer = le moi – les pensées & les émotions », non. **Les pensées et les émotions sont simplement des « événements mentaux » de *même nature* que l'esprit.** Séparer les vagues de l'océan ou les rayons du Soleil est aussi illusoire que d'essayer de détacher les événements mentaux de l'esprit ! Cette vocation qui est régulièrement supposée à la méditation est radicalement opposée à son sens profond, qui est de nous familiariser avec ce qu'est l'esprit tel qu'il est.

Elle ne sert pas à se regarder le nombril

L'introspection est l'action de faire un retour sur son vécu et de l'examiner : « Avons-nous bien agi dans telle ou telle situation ? Aurions-nous dû faire autrement ? » Bref, « Est-ce que JE est toujours bien le maître à bord ? ». Notre vécu, c'est le « je » qui digère et interprète notre expérience. Rien de plus éloigné de la perspective bouddhiste !

Le méditant n'examine pas son vécu mais son *expérience.* Il la traverse de part en part, il l'observe, nue, pour ce qu'elle est, sans y ajouter quoi que ce soit, délestée de toutes ces étiquettes que le « je » colle sur ce qui lui arrive. Il laisse tomber tout ce fatras afin que la vérité d'une situation puisse apparaître. S'il entend des enfants jouer, eh bien il entend juste des enfants jouer, sans se dire « Cela **me** déconcentre,

10. Pour plus d'informations sur l'École occidentale de méditation, qui présente la méditation dans un univers laïc et non dogmatique, voyez www.ecole-occidentale-meditation.com.

j'aimerais jouer avec eux, **mon** enfance est si loin… ».

Cette distinction entre le vécu et l'expérience est importante, car souvent nous pensons que nous pouvons nous fier entièrement à ce que nous ressentons pour comprendre une situation. Pourtant, ces émotions ne disent pas toujours la vérité. Qui n'a pas déjà pu le constater ? Il est aisément accepté que nous puissions raisonner parfois de manière bancale, mais il est moins aisé de reconnaître que nous puissions ressentir des émotions qui ne sont pas justes par rapport à une situation. Le mouvement déployé par la méditation va dans une autre direction : **au lieu de regarder son « je », le pratiquant regarde l'expérience, *ce qui est là, dans le présent vivant.***

Quel plus bel exemple que ce poème de Rimbaud, écrit à partir de l'expérience et non du vécu ?

« Au bois il y a un oiseau, son chant vous arrête et vous fait rougir.
Il y a une horloge qui ne sonne pas.
Il y a une fondrière avec un nid de bêtes blanches.
Il y a une cathédrale qui descend et un lac qui monte.
Il y a une petite voiture abandonnée dans le taillis, ou qui descend le sentier en courant, enrubannée.
Il y a une troupe de petits comédiens en costumes, aperçus sur la route à travers la lisière du bois.
Il y a enfin, quand l'on a faim et soif, quelqu'un qui vous chasse. »

Arthur Rimbaud, *Poésies. Une saison en enfer. Illuminations*[1]

1. Paris, Livre de poche Classique, 1998, p. 93.

Elle n'évacue pas tous les tourments

L'ataraxie est cet état idéal que prônent les philosophies hellénistiques : un état de sérénité, d'imperturbabilité, libre de tous troubles. La méditation n'est pas une technique pour « être plus zen », selon cette expression usuelle qui se méprend profondément sur la nature du Zen. **Elle entraîne bien plutôt le pratiquant à entretenir un véritable lien avec la passion, l'agression et l'indifférence qui le traversent, bref avec tout ce qui irrite, obsède et dérange.** Il travaille par la méditation à être ouvert et disponible à tout ce qui l'étreint, même et surtout ce qui provoque le mal-être en lui.

Elle ne sert à rien

Le pratiquant s'assied sans but, objet ou motif. **Le sens de gratuité est essentiel** dans la pratique, et il ne peut se développer que si le pratiquant s'assied sur le coussin de méditation uniquement pour s'asseoir sur le coussin de méditation ! C'est un don que le pratiquant fait à son existence en quelque sorte, et ce don est une condition nécessaire pour que la méditation soit un chemin qui œuvre au sein même de son existence. S'il n'y a pas de but auquel tendre dans la pratique, il n'y a pourtant aucun mal à avoir une aspiration. Aspirer à toucher l'expérience sans voile, à goûter la texture de la sagesse, de la force et de la beauté, il n'y a là rien d'instrumental.

> « Les routes qui ne disent pas le pays de leur destination sont les routes aimées. »
> **René Char,** *Le Nu perdu.*

Pour aller plus loin : Méditation, pourquoi s'y mettre ? – La méditation, ce qu'elle est – L'attention – La découverte de l'esprit – Présence attentive (*shamatha/vipashyana*) – La bienveillance aimante – Éthique et méditation.

La méditation, ce qu'elle n'est pas

L'essentiel en 5 secondes

- La méditation n'est pas un énième outil de développement personnel pour se sentir plus à l'aise.

- L'esprit est constitué de pensées et d'émotions, il est donc vain de vouloir s'en débarrasser.

- La méditation ne sert à rien, lui accoler une finalité en fait un arbre qui ne donnera aucun fruit.

35

La méditation, un éclairage étymologique

La voie du Bouddha se parcourt essentiellement en pratiquant la méditation, nommée *bhâvanâ* en sanskrit. Ce mot est composé du radical *bhu-* (le même que dans *bios* ou *to be*) et de la terminaison *-na*, indication d'un adjectif verbal. *Bhu-* signifie « être », au sens de « vivre », de « manière d'être ». Il veut dire à la fois « être », « devenir » et « exister ». *Bhâvanâ* nous dit donc que la méthode pour être, c'est « être », comme un mouvement au sens d'*y* être. Le *bios* grec, qui signifie « la vie » au sens *bio*logique, nous aide à entendre le mouvement de devenir et de transformation au sein même de cette racine.

La posture de yoga qui correspond à la méditation assise a pour nom *asana*. Nous repérons tout de suite, tant dans le mot *asana* que dans le mot « assise », le radical *as-*, qui veut lui aussi dire « être » – le *is* du *he is* anglais en est un dérivé direct. Nous comprenons donc ainsi que l'assise est l'excellence même de la posture traditionnelle du méditant. **La présence à l'être se manifeste dans et par la posture de notre corps.** Et, sur la Voie bouddhiste, cette attention à la présence est essentielle. En effet, qui sait véritablement qu'il inspire quand il inspire ou qu'il expire quand il expire ? L'important, c'est l'attention à l'état qui survient et puis disparaît. **L'important, c'est de gagner en présence.**

Seulement voilà : le flot continu de l'activité de notre esprit nous montre que nous ne voulons pas de cette présence, que quelque chose de notre être s'y refuse. Nous découvrons alors l'esprit et comment il fait écran, comment nous n'arrivons pas à être, comme c'est fermé. Or, remarquer que c'est fermé est bien une des premières étapes du chemin bouddhiste, car être fermé, c'est déjà être en rapport avec l'ouverture !

Le pratiquant se rend alors compte qu'il est toujours aux prises avec l'esprit plutôt qu'avec le réel, et l'espace de la méditation offre la possibilité de couper net avec ce bavardage mental. Il n'y a aucun état particulier à atteindre et aucune aptitude spécifique à attendre. C'est l'occasion de préciser que les mots « méditer » et « médecin » viennent de la même racine, **med*, qui signifie « prendre soin » et aussi « la mesure » dans le sens de « prendre la mesure ». Et c'est exactement cela : **nous prenons la mesure de ce qui est tel qu'il est, sans rien y ajouter.**

Mais alors, puisqu'il s'agit de s'asseoir et de ne rien faire, puisque le bouddhisme ne conceptualise pas, nous pouvons nous poser la question de savoir pourquoi le canon bouddhique est aussi conséquent. Tout simplement parce que le paradoxe de la méditation est que nous n'*y* sommes pas ! Les textes bouddhiques montrent donc comment arriver à *y* être, au fur et à mesure du cheminement le long de la Voie. Pour cela, il est important d'insister encore sur le fait que la parole du Bouddha n'est pas de nature théorique et qu'elle répond à chaque fois à une situation, au cas par cas.

> « L'esprit confus est comme l'eau sale, on n'y voit rien.
>
> L'esprit agité est comme l'eau bouillante, on n'y voit rien.
>
> Garder l'esprit hors de la confusion et de l'agitation, c'est apercevoir la Voie. »
>
> **Soûtra en quarante-deux sections**
> (un des plus anciens textes du bouddhisme)

Pour aller plus loin : La méditation, ce qu'elle n'est pas – Méditation, pourquoi s'y mettre ? – La découverte de l'esprit – Présence attentive (*shamatha/vipashyana*) – La bienveillance aimante – Éthique et méditation.

La méditation, un éclairage étymologique

L'essentiel en 5 secondes

- L'étymologie du mot sanskrit bhâvanâ nous indique que la méditation est la méthode pour apprendre à « être ».
- La posture assise de la méditation permet de déployer l'attention à la présence.
- En méditant, nous prenons la mesure de tout ce qui est.

36

La méditation, pourquoi s'y mettre ?

Se relier à l'expérience

Les grandes maladies du siècle – la dépression, le burn-out, le stress – font que nous sommes souvent coupés de notre expérience et que nous nous sentons séparés de nous-mêmes. Notre corps, notre esprit et notre cœur semblent suivre des voies indépendantes. Un sens d'unité nous manque profondément, car nous voyons les choses sans voir les rapports qu'il y a entre elles (c'est tout l'opposé de la perspective exposée dans la notion ***mandala***). **La pratique régulière de la méditation apprend à retrouver un rapport vif et frais à l'expérience** et entraîne le méditant à distinguer clairement le vécu (la digestion par le moi de tout ce qui nous arrive) de l'expérience, qu'il laisse le traverser, sans commentaire.

Insuffler la confiance dans la vivacité du présent

Il faut distinguer le présent auquel invite la méditation de l'adage *Carpe diem*, pour qui le présent attend d'être dévoré. *Carpe diem* appelle à l'absorption insatiable et confuse de chaque minute qui passe dans la crainte de ne pas en engranger assez pendant le temps qui nous est imparti sur cette Terre. Les jeux de l'espoir et de la peur nous interdisent d'entrer dans un rapport vif avec le présent. Car espérer est toujours se projeter dans un ailleurs, forcément meilleur, et craindre est le geste de se protéger de tout ce qui pourrait arriver. Dans un cas comme dans l'autre, l'instant – dans toute sa richesse et sa vie – est manqué. L'instant n'est-il pas d'ailleurs (comme le laisse entendre l'étymologie) une exhortation à se tenir droit dans l'existence ?

Au fur et à mesure de la pratique, une place se libère pour ce présent vivant, et le méditant peut apprendre à y habiter avec confiance.

Trouver le foyer qui embrase l'existence

Symboliquement, la maison, le foyer, est ce lieu où nous trouvons le soulagement de n'avoir pas à nous justifier de notre existence. **Sur le coussin de méditation, le pratiquant découvre que son être n'a pas besoin de justifications**, jamais. Tel qu'il est, rien ne lui fait défaut pour travailler et avancer sur son chemin. Le chemin du pratiquant est en quelque sorte de trouver son foyer intérieur, ce point qui lui est le plus propre et qui lui permet d'embraser toute son expérience.

La Voie bouddhiste mène le pratiquant à la rencontre de ce qu'il est, en dehors de tout nombrilisme, tout simplement.

Assumer son existence

La pratique apprend au méditant à regarder attentivement ce qu'il fait et qui il est, à l'aide d'un « microscope bienveillant », comme le disait le neuroscientifique F. Varela. Cette **attention** va lui permettre de se rendre compte que, alors qu'il a l'impression que chacun est un bastion isolé des autres, en fait nous sommes tous reliés, et qu'il n'y a aucune différence entre lui et l'autre (voir **discernement**, **compassion** et **vacuité**). Ce bouleversement de perspective rend le pratiquant beaucoup plus responsable de son existence, de ses actes, de ses choix et l'amènera à refuser la violence et l'agression sous toutes ses formes de manière beaucoup plus aisée.

Abandonner les illusions

L'idée que nous puissions changer paraît insupportable à beaucoup, de même que celle que nous puissions laisser tomber nos rêves et nos illusions. Pourtant, avec la pratique, nous nous entraînons à enlever tout le superflu et à mettre au jour les subtilités de notre intelligence. La grande découverte dans la méditation, c'est qu'un entraînement, et donc un changement, est possible. Rien n'est jamais perdu quand il est question d'entraîner, avec bienveillance, le cœur à s'ouvrir et l'esprit à voir clairement !

Éveiller le courage

Fuir l'inconfort en permanence rend lâche, peu aguerri et peureux. La pratique de la méditation demande du courage car le méditant cherche à entrer en rapport avec la souffrance (voir la **Première Noble Vérité**), avec sa vulnérabilité (voir la notion **compassion**) et à apprivoiser ainsi la maladie, la vieillesse et la mort. **Accepter la part misérable qu'il découvre en lui témoigne d'un cœur intrépide et d'un rapport réel à la grandeur**. Ce courage et cette persévérance s'apparentent au travail minutieux du peintre dans son atelier, ou encore du poète lorsqu'il cisèle ses phrases. Cela fait de la méditation un véritable chemin, car tout devient travail.

Découvrir la bonté primordiale

Lorsque le méditant est ouvert à tout ce qui se passe, le sentiment de séparation entre le monde et lui s'estompe : ce n'est plus « lui contre le monde entier ». Il peut s'abandonner à ce qui est, car rien dans le présent ne lui veut du mal. C'est alors la rencontre avec un sens de bonté primordiale (voir ***Tathagatagarbha***). Les bavardages incessants ainsi que les commentaires et les justifications cessent. Et lorsque le pratiquant revient à la nudité de la présence, c'est bon, tout simplement.

Comprendre ce qu'est la paix

De quelle paix parle-t-on ici ? Certainement pas de celle qui s'identifie à un confort léthargique, mais de celle qui invite au défi, au réveil ! Le mot « paix » est construit sur la racine **pag*, qui a le sens de « fixer », « délimiter », « maintenir ». Il s'agit ici de délimiter quelque chose par des bornes afin de consolider une situation dans laquelle une existence est possible (voir ***mandala***). **Celui qui pratique la méditation se tient dans son existence, quelles que soient les flammes qu'il doive traverser, avec un sens de paix et de dignité.**

Ralentir…

… et regarder précisément ce qui se passe. Dans le rythme et le stress de la vie quotidienne, il est quasiment impossible d'entrer en rapport avec notre esprit et la manière dont il fonctionne. Et il est très difficile aussi de toucher notre point de vulnérabilité, car tout va trop vite pour cela. Au fond, cette situation est assez confortable, car nous restons à distance de ce point tendre où nous sommes absolument dénudés. Quand le méditant entre en rapport avec l'espace et avec la présence, le temps s'allonge, l'ouverture est là, et il touche un sol qui soulage.

Toucher la quintessence spirituelle

La méditation est une pratique qui existe dans toutes les traditions spirituelles, et ce n'est ni anodin ni étonnant : d'une part parce qu'elle prend soin du cœur, non pas en tant que centre des sentiments, mais en tant que ce qui est au plus secret de l'être même ; et d'autre part car elle est un consentement, un abandon au réel tel qu'il est, condition nécessaire à l'éveil spirituel.

Pour aller plus loin : Méditation, ce qu'elle n'est pas – La méditation, un éclairage étymologique – L'attention – La découverte de l'esprit – Présence attentive (*shamatha/ vipashyana*) – La bienveillance aimante –– Éthique et méditation – La première Noble Vérité – *Tathagatagarbha* – *Mandala*.

La méditation, pourquoi s'y mettre ?

L'essentiel en 5 secondes

- La méditation apprend au pratiquant à retrouver un rapport vif au présent.
- Elle l'emmène à la rencontre de ce qu'il est.
- Par la méditation, le pratiquant entre en amitié avec sa vulnérabilité.
- S'asseoir et ne rien faire est une vraie révolution en ces temps d'agitation !

37

La découverte de l'esprit

Dans la notion consacrée au ***samadhi***, nous avons vu que la tradition bouddhiste, sans avoir de terme spécifique pour désigner l'esprit, en pointait toutefois trois fonctions : *dhi, manas* et *citta*. La méditation entraîne le pratiquant à reconnaître comment ces fonctions œuvrent entre elles et à cheminer de l'esprit tout agité (*citta*) à l'esprit conceptuel (*manas*) pour laisser enfin toute la place à l'esprit comme pure présence (*dhi*).

L'esprit est l'ensemble des événements mentaux qui le traversent et l'espace même où ils se manifestent. Il ne faut pas le confondre avec la conscience, qui est la manière dont l'Occident va penser l'esprit à partir de Descartes, au XVIIe siècle. La conscience est un redoublement qui sépare, toujours dualiste. Il y a un « je » et le reste du monde. Quand je dis : « Je vois un oiseau », nous entendons « J'ai conscience de moi voyant un oiseau ». C'est un mouvement d'autoconfirmation du « je ».

Dans la méditation, le pratiquant fait l'expérience de l'esprit et pas de la conscience. Il s'agit d'avoir un rapport non conceptuel à l'esprit. L'expérience est regardée sans analyser tout ce qui est vu, un peu comme un grand-angle qui serait en même temps très précis. Ce à quoi le pratiquant prête **attention**, ce sont les différentes tonalités de présence de chacun des événements mentaux.

L'esprit lui-même a comme caractéristique que nous ne voyons pas d'où il naît : il ne semble pas demeurer, il est libre de tout point de référence. Dans la méditation, l'esprit voit l'esprit, et pourtant il ne voit rien – voilà un mouvement très singulier ! Le pratiquant développe un sens de précision non conceptuel auquel il est peu habitué. Il regarde ce qui ne peut être fixé ou catégorisé. Il regarde ce qui ne cesse d'être ouvert, car l'esprit n'est pas différent de l'espace, il est non substantiel. Nuages et ciel ne sont pas séparés. Les différents nuages n'altèrent pas la réalité du ciel. L'esprit, c'est : avec le ciel, regarder le ciel !

Pour aller plus loin : L'unité profonde (*samadhi*) – La compréhension juste (*prajña*) – La Noble Conduite (*shila*) – Présence attentive (*shamatha/vipashyana*) – Attention.

La découverte de l'esprit

L'essentiel en 5 secondes

- L'esprit n'est pas la conscience.
- Les événements mentaux ont différentes tonalités de présence.
- Dans la méditation, l'esprit regarde l'esprit.

38

L'attention

Le plus souvent, si nous sommes attentifs, c'est parce que notre attention a été captée par quelque chose qui sort du « train-train » ordinaire : un bruit, la couleur du ciel, une odeur qui nous rappelle un souvenir... Notre esprit se tourne alors vers ce qui a attrapé notre attention, et, sans même nous en rendre compte, nous allons spontanément classer cela en « désagréable (je rejette) » ou « agréable (je prends) ». Puis nous allons mettre cette expérience dans la case adaptée : le bruit devient grincement de porte, le ciel un orage approchant, l'odeur une tarte aux pommes. Nous voilà déjà bien loin de la sensation primordiale.

Faire un avec ce qui survient

La pratique de l'attention se propose d'explorer cette sensation avant même que ne se mettent en branle notre intellect et ses interprétations. Il y a alors de l'espace pour l'accueillir, telle qu'elle est, et nous pouvons être simplement curieux de la manière dont elle se manifeste. Se matérialise-t-elle à un endroit de notre corps ? A-t-elle une qualité propre, une couleur ? Au lieu de nous tenir à distance, la pratique nous apprend à faire un avec ce qui surgit. Il n'y a pas de limite à la précision de l'attention, et c'est ce qui fait aussi la richesse de la méditation.

Il y a dans la tradition bouddhiste, et particulièrement dans le *satipatthana sutta* (l'« établissement de l'attention ») appartenant au canon pali, une description scrupuleuse de ce qu'est le phénomène de l'attention et de la manière dont celle-ci doit s'établir dans la pratique de la méditation. Cet enseignement est la base de la pratique de la **présence attentive** que nous évoquerons dans la notion suivante.

L'attention a différentes caractéristiques intrinsèques. Premièrement, **elle est ouverte** : nous sommes disponibles pour ce qui survient et pour ouvrir un espace en soi pour les choses. Deuxièmement, **elle est neutre** : elle est curieuse et intéressée par ce qu'elle accueille, non discriminante. Troisièmement, **elle est claire et précise** : elle est comme une lumière qui permet de voir plus clair. Et enfin, quatrièmement, **elle fait un avec ce qui est** : elle n'est pas extérieure, elle accompagne le réel.

Quatre points sur lesquels établir l'attention

Le méditant va établir son attention sur quatre points en particulier et de manière graduelle. Tout d'abord, son attention va se porter sur le **corps**. Notre corps est la base, notre terre, ce qui fait de nous des êtres réels. Pour éviter une interprétation du corps qui gâcherait l'expérience du corps elle-même et pour le sentir plus immédiatement, il est conseillé de porter son attention sur toutes les sensations qui le traversent.

Il y a ensuite l'attention à toutes les **perceptions sensorielles** en nous mais aussi hors de nous. Il s'agit de sentir comment la vie nous traverse et comment nous sommes en lien avec notre environnement réel. C'est ici tout l'opposé d'une pratique qui nous enfermerait dans un cocon de protection.

Après, il y a l'attention au **souffle**, qui est le véritable point d'ancrage de la pratique. Le pratiquant y revient inlassablement quand son esprit rentre à la maison après une absence.

Il y a bien sûr ensuite l'attention à **l'esprit** et plus particulièrement au moment où il revient à la présence après être parti à la dérive. Ce sursaut de retour à la présence est important, car il marque le changement de ton entre le fait d'être perdu dans ses pensées et le réel. Nous ne prêtons en général jamais attention à ce contraste dans le quotidien. La volonté ne peut rien pour qu'arrive ce sursaut, mais nous pouvons travailler notre tenue, tenir le cadre, être assidu et sans divertissement. Cette aspiration à être présent lors de la pratique demande un certain effort. Il s'agit d'avoir, comme le disait Chogyam Trungpa, d'allumer son « système d'alarme généralisé » !

L'attention va enfin se porter aussi sur les **événements mentaux**. À ce stade, les pensées commencent à faire partie de la méditation. Nous identifions les pensées comme « pensées », les émotions comme « émotions », sans y être embarqués et sans les alimenter : nous regardons leur coloration, leurs textures… Nous sommes alertes et éveillés à ce qui se passe maintenant.

Pour aller plus loin : Corpus de textes – La découverte de l'esprit – La présence attentive – L'unité profonde (*samadhi*) – La compréhension juste (*prajña*) – La Noble Conduite (*shila*).

L'attention

L'essentiel en 5 secondes

- L'attention n'est pas une concentration.

- L'attention est ouverte, neutre, claire et précise.

- Elle permet d'entrer en rapport avec ce qui est, tel qu'il est, avant toute conceptualisation.

39

La présence attentive : shamatha et vipashyana

La méditation a été pensée par le Bouddha comme l'union de deux pratiques appelées en sanskrit *shamatha* et *vipashyana*. Nous allons nous pencher sur l'une et l'autre et ensuite voir en quoi leur union est indispensable.

Se poser

Shamatha tout d'abord : ce mot construit sur la racine **ksam* indique le fait de se (re)poser après un effort. L'expérience de *shamatha* est donc celle de la paix qui vient après qu'on a bien travaillé, qu'on a bien fait attention. **C'est une pratique de précision et de patience pendant laquelle le pratiquant prête attention au contraste qui existe entre le moment où il est présent et celui où il ne l'est pas, sans se soucier du contenu des événements mentaux.** À chaque fois qu'il remarque que son esprit a pris la clé des champs, il revient inlassablement au souffle.

Par cette pratique, le pratiquant passe d'un monde de recherche de plaisir et de fuite de la douleur à un monde où il développe une attention ouverte et scrupuleuse à tout ce qui est, tel qu'il est. L'esprit se pose grâce à *shamatha*, et l'attention ouverte se déploie à la mesure de la précision du pratiquant.

Voir clairement

Vipashyana signifie « voir clairement, distinctement ». Le pratiquant qui s'est posé dans la pratique de *shamatha* découvre alors un sens de présence vigilante. Une présence intelligente qui n'est pas centrée sur elle-même, qui est directe et nue. Tout apparaît plus clairement de manière ouverte et panoramique, sans effort. **Cette vue claire est une disposition originelle qui se découvre grâce à la pratique de *shamatha*.** À partir du sol de l'attention, le pratiquant peut s'y établir.

Pour découvrir quelque chose de ce qu'est l'expérience de *vipashyana*, expliquons sept de ses attributs. 1) les choses deviennent de plus en plus précises ; 2) le sentiment de séparation entre ce qui est soi et ce qui n'est pas soi est vu de plus en plus comme fabriqué ; 3) il y a de moins en moins de tergiversations avec le réel, il est vu, et pris, tel qu'il est ; 4) l'intelligence commence à faire son œuvre, et le pratiquant distingue de plus en plus aisément ce qui produira des fruits mûrs ou des branches mortes ; 5) le pratiquant arrive ensuite à être en intelligence avec les situations et à s'y accorder ; 6) il acquiert l'intelligence du temps, c'est-à-dire qu'il apprend à ne pas aller plus vite que la musique et à avoir de la patience face à la maturation de toutes choses, simplement parce qu'il a compris son processus ; 7) et enfin, quelle que soit la complexité des situations auxquelles il est confronté, il ne sera plus emporté comme un fétu de paille, car il a trouvé son horizon.

Voir le Dharma

Par l'exercice de la vue claire, le pratiquant perçoit clairement et intuitivement toute la portée des enseignements du Bouddha, il voit le ***Dharma***. Ce qu'il découvre, grâce à l'intelligence non conceptuelle, c'est la vérité du non-ego, de la vacuité, de l'esprit d'éveil et de l'Éveil originel. Il n'y a rien à ajouter ni à enlever à cela, c'est clair. La préciosité de cette pratique apparaît dès lors d'emblée ; elle n'est donc plus à démontrer dans l'économie de la voie de l'Éveil.

Shamatha et *vipashyana* sont nécessaires, car si l'on pratique seulement *shamatha* le risque est de se complaire dans un confort illusoire : il y aura bien absence de confusion, mais aussi absence d'intuition pour nourrir la vie quotidienne. Avec *vipashyana*, le pratiquant peut en revanche manquer d'un sens de précision et rendre la pratique un peu brumeuse.

C'est l'articulation entre l'attention et la présence qui constitue la pratique. La présence attentive porte ses fruits dans la vie quotidienne : d'une part, nous sommes plus posés, stables et solides, et d'autre part nous sommes moins pris dans la dynamique du « moi-moi-même-et-encore-moi », et donc plus sensibles à la réalité dans son unité. Il n'y a rien à faire de spécial pour cela : c'est la pratique qui œuvre en nous.

« Avec *vipashyana*, on découvre l'intelligence native de l'esprit. »

Djamgong-Kontrul, maître de Chogyam Trungpa

Pour aller plus loin : L'unité profonde (*samadhi*) – La compréhension juste (*prajña*) – La Noble Conduite (*shila*) - *Dharma* – Méditation – Attention.

La présence attentive : shamatha et vipashyana

L'essentiel en 5 secondes

- Avec shamatha, le pratiquant apprend à se poser.

- À partir de l'ancrage amené par shamatha, la pratique de vipashyana entraîne le pratiquant à développer une vue claire.

- La pratique de la présence attentive est l'articulation de ces deux pratiques, shamatha et vipashyana.

40

La pratique de la bienveillance aimante

La méditation, nous venons de le voir dans la notion consacrée à la pratique de la **présence attentive**, c'est se poser pour voir clairement. Nous regardons ce qui nous blesse, nous effraie, nous impressionne, nous obscurcit, et nous entrons en rapport avec cela de manière immédiate, sans passer par la pensée discursive. Nous touchons la fragilité de notre cœur et nous revenons sans cesse à la posture du corps, au souffle et à son double mouvement, inlassablement nous y revenons jusqu'à ce que quelque chose s'abandonne en nous. Et, au moment où nous revenons, nous constatons que nous sommes entièrement ouverts à ce qui se passe. Cela procure un grand soulagement : c'est bon !

Découvrir la faculté du cœur à s'ouvrir

Mais c'est parfois aussi très difficile, car c'est un peu comme si nous nous mettions devant un miroir et voyions aussi surgir tous nos aspects négatifs, nos imperfections… Le Bouddha, ayant pointé cette difficulté, transmit à ses disciples la pratique de la bienveillance aimante, *maitri*, qui veut dire « l'amicalité », « devenir ami avec… », « être en lien avec… soi, les autres, le monde ». Dans le mot « bienveillance », nous entendons « veiller bien » ; cette notion est en effet directement en lien avec la pratique de l'attention, car lorsque nous faisons attention nous veillons bien à quelque chose ou à quelqu'un, et c'est une des formes de l'amour !

> « La haine ne s'apaise jamais par la haine.
> La haine s'apaise par l'amour.
> C'est une loi éternelle. »
>
> **Bouddha**

La pratique de la bienveillance cultive un sens de bonté, de chaleur, de tendresse afin que la pratique ne soit pas qu'une séance de froide observation. Elle a six caractéristiques que nous pouvons éprouver : 1) elle est attention ouverte :

toute chose est accueillie ; 2) elle est neutre : il s'agit d'entrer en rapport avec la qualité propre de chaque chose sans la juger d'abord comme bonne ou mauvaise ; 3) elle est clarté et précision : elle implique l'envie de connaître plus en détail ce sur quoi nous portons attention ; 4) l'attention laisse être ce qu'elle considère dans son génie propre, sans le transformer ; 5) elle fait un avec ce qu'elle considère : elle se place au plus près pour le connaître ; 6) elle est chaleureuse : nous sommes touchés par ce à quoi nous faisons attention, et cela provoque une ouverture du cœur.

Cette pratique entraîne à avoir une plus grande bonté envers soi et envers les autres. Voir avec notre cœur nous transforme et nous rend meilleurs. Nous gagnons indubitablement en humanité[11].

> « La bienveillance aimante et la présence attentive sont les deux ailes d'un même oiseau. »
>
> **Fabrice Midal**

Pour aller plus loin : Présence attentive – Méditation.

11. Pour découvrir et explorer cette pratique de la bienveillance, voyez le livre de M.-L. Cattoire, *La Méditation de la bienveillance, prendre soin des autres... et de soi*, Paris, Leduc.s Éditions, coll. « Malin », 2015.

La pratique de la bienveillance aimante

L'essentiel en 5 secondes

- La pratique de la bienveillance aimante est un entraînement du cœur à s'ouvrir.
- Elle est une ressource pour ne pas faire de la méditation un rempart contre le monde.
- La bienveillance aimante invite à chérir nos fragilités.

41

Éthique et méditation

L'éthique se distingue de la morale car elle n'est pas un ensemble de prescriptions définies selon certaines conceptions du bien ou du mal, elle n'est pas un devoir-être. Elle tente plutôt de répondre à la question « Que puis-je faire ? ». Si l'on se réfère à l'étymologie, ce mot vient du grec *ethos*, qui veut dire « foyer » et qui amène l'idée du besoin pour les hommes de se ménager un lieu, un monde dans lequel vivre en paix.

La méditation offre la possibilité à l'être humain qui la pratique de trouver un ancrage dans son existence. Il décide à un moment de sa vie qu'il va méditer, sans en attendre un quelconque bénéfice, simplement parce qu'il ressent un appel à trouver une voie qui unifierait son expérience du monde. Au rythme de sa pratique, le prisme à travers lequel il envisageait le monde s'érode, et il apprend à voir les choses telles qu'elles sont.

Sa manière d'agir dans le monde va aussi radicalement se modifier, car peu à peu le jeu de l'espoir et de la peur ne conditionnera plus son action. Être conditionné par l'espoir et la peur, c'est s'assurer d'agir d'une manière qui n'est jamais réellement en rapport avec la situation qui se présente. L'action est jaugée et calculée en fonction du paramètre coût/bénéfice. Comment habiter un monde où chaque être humain agit selon ce paramètre ? Il suffit de regarder autour de nous !

Chaque action est cruciale

IMPORTANT

Une action éthique est une action qui n'est exécutée que pour l'action elle-même, parce que la situation l'impose. C'est dans chaque geste de son existence que l'homme doit déployer sa pleine mesure, pas seulement dans de grandes occasions ou au moment d'actions héroïques. **Ce qui est vraiment héroïque pour un être humain, c'est que chaque action soit porteuse du plein accomplissement de son humanité.**

À partir de là, un monde magnifique s'ouvre, car chaque action est cruciale : comment tenir un verre, cuisiner, s'habiller, se tenir, parler ? Tout doit manifester la pleine présence de l'être humain à son existence. La manière de se comporter avec autrui se transforme aussi nettement, car celui qui suit le chemin du Bouddha et pratique la méditation se familiarise avec la vérité du non-ego, qui le sort radicalement d'une pensée autocentrée. La découverte du lien intime entre un être et tout ce qui constitue le monde dans lequel il existe l'oblige, par une justice interne, à se comporter à hauteur d'homme, c'est-à-dire avec dignité.

Cela ne se fait pas d'un coup de baguette magique, et c'est bien la raison pour laquelle la méditation est un chemin existentiel. Sur le coussin il faudra mille fois se poser pour advenir toujours plus à notre humanité.

Pour aller plus loin : La méditation, pourquoi s'y mettre ? – Non-ego – Vacuité (*shunyata*) – Compassion (*karuna*).

Éthique et méditation

L'essentiel en 5 secondes

- L'éthique est le souci d'aménager un monde qui soit habitable pour l'être humain.

- La méditation ouvre le pratiquant aux autres et au monde et lui apprend à être en rapport avec le cœur même de son existence.

- Chaque action est alors l'occasion d'accomplir pleinement son humanité.

42

Le Theravada, en Asie du Sud-Est

Le bouddhisme Theravada est dominant en Asie du Sud-Est et privilégie la voie des moines. Signifiant la « Voie des Anciens », il n'est pourtant pas le plus ancien d'Asie, car le **Mahayana** et le **Tantra** s'y implantèrent en premier lieu et permirent au bouddhisme d'y prendre racine. Cette voie est considérée comme une **voie traditionaliste et orthodoxe** malgré le fait qu'elle ait dû intégrer des éléments de la tradition birmane pour implanter sa voie monastique.

Les écoles du Theravada ne reconnaissent pas la distinction entre le Hinayana et le Mahayana, car cette distinction est établie par les pratiquants du Mahayana. Qualifier le Theravada de « hinayaniste » n'a donc pas de sens, car, même si ses textes et ses pratiques s'apparentent au Hinayana, ils ne sont pas dénués d'éléments tantriques ou ésotériques. La question du bouddhisme ancien ou non est d'ailleurs typiquement occidentale dans sa volonté de classification. Mais ce qui importe plutôt est la manière dont le bouddhisme n'a cessé de s'enrichir des traditions de chacun des pays dans lesquels il s'est implanté.

Au Sri Lanka

Vers 250 av. J.-C., l'empereur indien Ashoka envoie à la cour des rois des pays d'Asie du Sud-Est des émissaires éminents en vue de propager les enseignements du Bouddha. Son fils Mahinda et sa fille Sanghamitta partent d'ailleurs au Sri Lanka. Plus tard, au Ier siècle, une assemblée de mille moines y compile le canon pali, la première trace écrite du ***Tripitaka***. Au Ve siècle, le maître bengali Buddhaghosha va rédiger le *Visuddhimagga*, qui servira, à partir du VIIe siècle, de manuel aux moines de l'école Theravada naissante. Le titre de ce texte signifie « la voie claire et distincte », et Buddhaghosha y détaille les étapes du chemin menant au *nirvana* selon la perspective du bouddhisme des premières heures. Ce texte est un exemple de pédagogie et de précision. Il est articulé en trois parties : la conduite appropriée (***shila***), la méditation (***samadhi***) et le discernement (***prajña***).

En Birmanie

Toujours vers 250 av. J.-C., les moines Soma et Uttara sont envoyés en Birmanie. Il faudra attendre cinq à sept siècles pour que le bouddhisme s'y implante de manière marquante et qu'il soit pratiqué par le peuple môn, une des ethnies birmanes. Au XIe siècle, la capitale, Pagan, devient un centre spirituel de renom. Le Sri Lanka offre d'ailleurs des reliques du Bouddha ainsi qu'une version du canon pali à l'inauguration du *stupa* du Shwedagon (monument qui symbolise le Bouddha) et de la grande bibliothèque de Pagan. En échange de ce cadeau inestimable, un groupe de moines est chargé de se rendre au Sri Lanka afin d'y revivifier la communauté monastique sri-lankaise. En 1299, la capitale birmane et ses 9 000 temples furent mis à sac par les envahisseurs mongols.

En Indonésie

En Indonésie, l'apogée du bouddhisme se situe au XIIIe siècle, avec la construction du temple de Borubudur, sur l'île de Java, signe de la transmission florissante du bouddhisme tantrique. Ce temple est à la fois un *stupa* (une représentation symbolique du Bouddha) et un ***mandala*** quand il est vu du ciel. L'influence du bouddhisme déclinera pourtant rapidement lors des invasions musulmanes du XVe siècle.

En Thaïlande

En Thaïlande, les vestiges d'Angkor Vat témoignent de la place du Mahayana en Asie du Sud-Est. Au Cambodge, le bouddhisme fait son entrée au Ve siècle, le Mahayana au vie et le Vajrayana au viiie. Mais à partir du XVIIIe siècle apparaît la volonté d'expurger les textes de tout ce qui appartient aux traditions mahayaniste et tantrique pour tenter de faire du Theravada le bouddhisme le plus orthodoxe. Ce mouvement se poursuit de nos jours.

Pour aller plus loin : Le corpus de textes (*tripitaka*) – L'action juste (*shila*) – La méditation juste (*samadhi*) – La compréhension juste (*prajña*) – Hinayana – Tantra – *Mandala*.

Le Theravada, en Asie du Sud-Est

L'essentiel en 5 secondes

- L'empereur indien Ashoka envoya au IIIᵉ siècle av. J.-C. des émissaires bouddhistes dans toute l'Asie du Sud-Est.
- Theravada signifie « la Voie des Anciens » ; le Theravada se veut un courant traditionaliste et orthodoxe.
- Les écoles du bouddhisme Theravada ne reconnaissent pas la distinction entre le Hinayana et le Mahayana.
- Le Theravada n'est pas dénué d'éléments mahayanistes et tantriques.

43

Le Chàn en Chine et le Zen au Japon

Au cœur du Zen, il y a une histoire qui manifeste à elle seule toute la vérité de cette voie. La légende raconte qu'un jour, assis en silence devant ses disciples, le Bouddha prit délicatement une fleur dans sa main droite. À la vue de ce geste, son disciple Kashyapa sourit : il avait reconnu la vraie nature de la Voie. Kashyapa devint le premier patriarche indien du Chàn. Cette histoire montre que des pratiques compliquées, des ascèses rigoureuses ou l'étude de textes vertigineux ne sont pas toujours nécessaires pour trancher dans le fonctionnement conceptuel de l'esprit.

Simplicité

Le Zen accorde une importance cruciale à la simplicité de la pratique de la méditation. La méditation assise est l'occasion, pour le pratiquant, d'entrer à tout instant de manière très directe dans la réalité de l'existence. C'est aussi pour cette raison que les écoles Zen ne font pas de distinction entre ce qui est sacré et ce qui est profane. Les tâches manuelles quotidiennes, comme récurer les sols, couper les légumes, balayer le monastère, sont autant d'occasions de cultiver l'attention et la présence à chaque instant. C'est un vrai exercice spirituel pour les moines en formation.

Une place spécifique est aussi accordée à la parole dans le Zen. En effet, les disciples sont poussés par leur maître à user de la parole de manière qu'elle soit absolument juste et en rapport avec l'instant. Il faut qu'elle soit la manifestation de l'espace ouvert. Quand nous entendons ou lisons les échanges courts entre maîtres et disciples Zen, nous sommes déroutés car il n'y a souvent rien de connu à quoi nous puissions nous raccrocher. Et c'est exactement cela, le point important : être dans l'instant, voir surgir la vérité, avant tout étiquetage, avant toute catégorisation par la pensée.

L'enseignement du Bouddha qui porte sur la **vacuité**, énoncé lors du deuxième **Tour de roue**, est ici déployé de manière magistrale. Dans le Zen, impossible de solidifier quoi que ce soit : toute conceptualisation est tranchée à la racine.

En Chine

Il est traditionnellement admis que le bouddhisme entre en Chine vers la moitié du Ier siècle apr. J.-C. L'implantation du bouddhisme est lente et est surtout confinée à la cour des empereurs successifs. Au IIIe siècle apr. J.-C., de plus en plus de textes commencent à être traduits et à se propager. Le grand déploiement du bouddhisme date du Ve siècle ; il est dû à **la naissance d'une véritable école de traduction**, avec à sa tête le moine Kumarajiva. Sous sa direction, les moines de cette école traduisirent avec génie les œuvres les plus importantes du **Mahayana**, particulièrement du courant Madhyamaka. Un grand nombre de moines éminents passèrent par cette école et fondèrent ensuite différentes écoles du bouddhisme, dont les écoles Tientai et Huayan, créées sous l'influence du moine Buddhabhadra, et l'école de la **Terre pure**, fondée par le moine Huiyan. Au VIe siècle, le moine indien Paramartha traduisit en Chine les textes du Mahayana attachés au courant Yogachara et posa ainsi les bases de l'école Faxiang. C'est aussi l'époque de la fondation de l'école Chàn (traduit par « Zen » en japonais) par Bodhidharma, le vingt-huitième patriarche indien.

Ainsi, jusqu'au XIe siècle, le bouddhisme fleurit en Chine. À partir du XIIIe siècle, les couches populaires de la population accèdent aux enseignements, et dans le même mouvement ceux-ci vont s'enchevêtrer avec les enseignements taoïstes et confucianistes. Lentement, le bouddhisme va perdre son rôle prédominant et côtoyer d'autres croyances populaires. Au moment de la Révolution culturelle (fin des années 1960), son développement s'achève brutalement.

Au Japon

Le bouddhisme entre au Japon par la Corée en 538 apr. J.-C. Aux VIe et VIIe siècles, des moines japonais partent en Chine avec pour mission de se former et de rapporter les textes des enseignements. L'Amidisme (voir la notion **Terre pure**) fut ainsi instauré au retour de l'un d'entre eux, Eon. Pendant les siècles qui suivirent, il faut remarquer que les courants tantriques sont très vivaces au Japon, et de nombreuses écoles sont créées alors qu'en Chine ils disparaissent.

Au XIIe siècle, le moine japonais Dogen fonde l'école Zen au retour de son voyage de formation en Chine. Les XVIIe et XVIIIe siècles voient les luttes intestines ternir la floraison du bouddhisme au Japon, déclin qui ne fera que se confirmer sous le mouvement de sécularisation de l'ère Meiji (1868-1912). C'est ainsi que de grands maîtres Zen s'exilent en Occident au XXe siècle, comme Taisen Deshimaru et Shunryu Suzuki.

Pour aller plus loin : Terre pure – Tantra – Mahayana – Vacuité.

Le Chàn en Chine et le Zen au Japon

L'essentiel en 5 secondes

- Le Zen accorde une importance à la simplicité de la pratique.
- Le Zen ne fait pas de distinction entre le profane et le sacré.
- L'enseignement sur la vacuité est magistralement déployé par le Zen.

44

La Terre pure (Japon)

Les écoles dites « de la Terre pure » sont les plus répandues en Extrême-Orient. Nous les retrouvons au Japon, en Chine, en Corée et au Viet Nam. Elles basent leur pratique sur un acte de foi : l'Éveil ne peut s'obtenir que dans le mouvement d'abandon qu'est **la récitation (*nembutsu* en japonais) du nom du Bouddha Amida** (la traduction japonaise du nom du Bouddha Amitabha).

Avant d'atteindre l'Éveil, Amitabha, qui s'appelait alors Dharmakara, fit le vœu qu'une fois devenu Bouddha quiconque invoquerait son nom serait conduit en sa Terre pure et atteindrait la libération. La Terre pure est un royaume où rien n'entrave la pratique et la transmission du *dharma*. Le vœu de Dharmakara s'est révélé opérant dès le moment où il est devenu le Bouddha Amitabha.

L'invocation du Bouddha Amida

Il peut sembler étrange qu'intervienne ici la foi en l'invocation d'un Bouddha alors que nous avons expliqué en ouverture de ce livre que le bouddhisme n'était pas une religion. La foi n'est pas ici à comprendre dans le sens usuel d'une croyance personnelle en Amida. En récitant le nom d'Amida ainsi que les soûtras et les vœux qui lui sont attachés, le pratiquant s'ouvre à la foi inconditionnelle qu'avait Amida lorsqu'il a prononcé ses vœux, destinés à sauver tous les êtres qui invoqueraient son nom. Ce n'est donc pas tant la foi du pratiquant qui le sauve que la foi du Bouddha.

Cette voie pose donc en son cœur l'enseignement du **non-ego**, car ce ne sont ni les mérites ni les réalisations du pratiquant qui l'amèneront vers l'Éveil, mais bien les mérites et la réalisation d'un autre, Amida. Les écrits et les commentaires de Shinran (1173-1263), le fondateur de cette école au Japon, montrent que cette « grâce » ne peut pourtant pas être apparentée à la grâce chrétienne, comme cela a été parfois affirmé par certains orientalistes chrétiens. En effet, il n'y a aucune relation personnelle entre le pratiquant et Amida. Cette relation pointe la nécessité pour le pratiquant de cesser de vouloir obtenir quoi que ce soit par la pratique, ce qui fait tout l'horizon des enseignements bouddhistes.

Le bouddhisme de la Terre pure et le Zen, qui apparaissent à la même époque au Japon, ont souvent été opposés. Pourtant, ces deux écoles manifestent le désir de simplifier la pratique afin de ne pas se perdre dans les exégèses infinies et les pratiques compliquées. Si l'un se consacre à la simplicité de la récitation du nom d'Amitabha, l'autre se consacre à la simplicité de la pratique de la méditation.

Pour aller plus loin : Zen – Le bouddhisme, une philosophie ou une religion ? – Non-ego.

La Terre pure (Japon)

L'essentiel en 5 secondes

- Les écoles de la Terre pure sont les plus répandues en Extrême-Orient.
- La pratique principale de ce courant est la récitation du nom du Bouddha Amitabha (Amida en japonais).
- Le bouddhisme de la Terre pure accorde une importance à la simplicité de la pratique.
- L'enseignement du non-ego est au cœur de cette pratique.

45

Le bouddhisme tibétain

L'entrée du bouddhisme au Tibet date du VIIe siècle, plus précisément du mariage du roi Songtsen Gampo avec deux princesses bouddhistes. Le célèbre temple du Jokhang fut construit à Lhassa à cette époque en leur honneur. Un siècle plus tard, le bouddhisme s'implante réellement au Tibet avec la construction du monastère de Samye au Tibet central par le moine Shantarakshita. Le roi Trisong Detsen fait appel, à la fin du VIIIe siècle, au maître indien tantrique Padmasambhava (fondateur de l'école Nyingmapa) pour établir réellement le bouddhisme dans son pays ; il devient dès lors religion d'État.

De nombreuses écoles

Du VIIIe au XIe siècle, le bouddhisme traverse une période difficile, et ce n'est qu'à l'arrivée du moine bengali Atisha (fondateur de l'école Kadampa) qu'il reprendra vigueur. Atisha va fonder une **école de traduction**, et de cette école émergera Marpa, qui se rendra en Inde pour recevoir des enseignements auprès de Naropa, un célèbre maître tantrique. Marpa sera le maître de **Milarépa**, connu pour son parcours de vie emblématique et ses *Cent Mille Chants* poétiques. Son disciple Gampopa et les suivants fondèrent l'école Kagyupa. L'école Sakyapa est quant à elle créée par le maître tantrique Virupa. Ces maîtres tibétains, voyageant en Inde pour recevoir des enseignements et les rapporter ensuite au Tibet, ont joué un rôle fondamental dans l'histoire du bouddhisme. En effet, du XIe au XIIIe siècle, le bouddhisme disparaît d'Inde (en partie du fait des invasions musulmanes), et **le travail des Tibétains a été de rassembler, de compiler, de traduire, d'organiser les enseignements, ce qui a permis de sauvegarder dans ce pays de l'Himalaya des enseignements qui auraient sans cela été perdus à jamais.**

La période du XIVe au XVIIe siècle voit doucement l'importance des monastères se développer tant au niveau spirituel qu'au niveau politique. Cette évolution aboutira à l'instauration du cinquième dalaï-lama (détenteur de la lignée Gelougpa, fondée par Tsongkhapa au XVe siècle) comme chef spirituel du Tibet à la moitié du XVIIe siècle.

Le mouvement Rimé

Afin de mettre un terme aux luttes entre les écoles du bouddhisme au Tibet, Jamyang Khyentse Wangpo fonde au XIXe siècle le mouvement Rimé, qui a pour but de favoriser l'échange entre ces écoles et de préserver leurs enseignements. Cette initiative est pour beaucoup dans la transmission de ces précieux enseignements jusqu'à aujourd'hui. En effet, lors de l'invasion du Tibet par la Chine, en 1950, les moines qui ne furent pas massacrés s'exilèrent en Inde, le pays voisin, et n'eurent de cesse de garder vivace l'entièreté des enseignements des écoles bouddhistes du Tibet. Le quatorzième dalaï-lama, Tenzin Gyatso, arriva en Inde, à Dharamsala, en 1959 et y établit une large communauté tibétaine. L'exil en Occident dans les années 1970 des moines bouddhistes du Tibet eut pour répercussion la diffusion des enseignements en Europe et aux États-Unis.

Nous l'avons vu, l'enseignement du Bouddha a cela de particulier qu'il prend la forme la plus audible pour celui qui l'écoute. Ainsi, au Tibet, c'est par le **Tantra** que l'essence des enseignements a pu être transmise. En effet, ni le **Hinayana** ni le **Mahayana** ne pouvait totalement convenir à ce peuple habitué aux conditions de vie extrêmes et au rude tempérament ; le Tibet fut donc le terreau du Tantra.

Pour aller plus loin : Milarépa – Tantra – Mahayana – Hinayana.

Le bouddhisme tibétain

L'essentiel en 5 secondes

- Au Tibet, le bouddhisme s'est décliné en plusieurs écoles fondées par des Tibétains partis chercher les enseignements auprès de maîtres indiens.
- C'est le bouddhisme tantrique qui s'est implanté dans la terre des hauts plateaux himalayens.
- L'exil des maîtres tibétains suite à l'invasion de la Chine, au milieu du XXe siècle, permit la large diffusion du bouddhisme en Occident.

46

Milarépa, le tantrika

L'histoire de Milarépa est célèbre : elle illustre **le cheminement spirituel d'un être certes extraordinaire, mais qui, par bien des aspects, nous semble proche car éminemment humain**. Il est la figure du pratiquant tantrique par excellence et le fondateur de l'école Kagyü, la lignée de la transmission orale du bouddhisme tibétain. Cette lignée prend racine avec le maître indien Tilopa, qui l'a transmise au maître tibétain Naropa, qui la transmit lui-même à Marpa le Traducteur, dont Milarépa fut le disciple élu.

Les tribulations de Milarépa

Milarépa naquit dans le sud-ouest du Tibet au XIe siècle dans une famille qui possédait de la fortune. Son père mourut lorsqu'il avait sept ans et fit jurer sur son lit de mort à l'oncle et à la tante de l'enfant de veiller sur sa famille ainsi que de s'occuper au mieux de leurs biens (maison, champs et bétail) jusqu'à ce que son fils soit en âge de gérer l'héritage familial. L'oncle et la tante s'approprièrent les biens qui revenaient de droit à Milarépa et ne lui rendirent jamais son héritage. Sa mère, sa sœur et lui furent traités tels des serviteurs et laissés dans une grande pauvreté. La mère de Milarépa décida alors de l'envoyer étudier la magie noire chez un instructeur de la tradition Nyingmapa.

Après quelques tribulations auprès de différents maîtres, Milarépa rencontra celui qui allait lui apprendre des incantations maléfiques pour venger sa famille. Grâce aux invocations du magicien, la maison dans laquelle vivait désormais la famille de l'oncle s'effondra alors qu'ils fêtaient les noces de leur fils. Trente-cinq personnes périrent ce jour-là. Mais cela ne sembla pas suffire à la mère de Milarépa, qui lui demanda de faire tomber la grêle sur les champs de ceux qui les avaient spoliés. La récolte de cette année-là fut entièrement détruite pour tous les habitants de la région.

La rencontre du maître et les épreuves

Obnubilé par les fautes qu'il avait commises, Milarépa n'eut bientôt de cesse de rencontrer un maître auprès de qui il pourrait étudier le *dharma*. Ce maître fut Marpa le Traducteur, détenteur des enseignements du maître indien Naropa. Milarépa lui fit relation de sa vie et de ses méfaits d'alors et lui demanda de lui enseigner le *dharma*. Marpa accepta.

C'est alors que commença pour Milarépa une très longue période de purification. Marpa lui fit subir un grand nombre d'épreuves, lui promettant à chaque fois qu'à leur terme il lui enseignerait la doctrine. La première épreuve fut de construire une maison pour le fils du maître. Milarépa commença par construire une tour ronde à l'est de la vallée, mais quand il fut arrivé à la moitié de son ouvrage Marpa lui intima l'ordre d'enlever chacune des pierres et de construire la tour à l'ouest de la vallée. Il répéta cet ordre au nord et au sud de la vallée. Milarépa, épuisé, s'exécutait pourtant à chaque fois. Mais à nouveau le maître ordonna de détruire la dernière tour ronde pour en construire une triangulaire, ce que fit Milarépa. Au tiers de la construction, Marpa se ravisa à nouveau, et Milarépa dut enlever une fois encore toutes les pierres qui constituaient la tour.

La prise de refuge et la transmission des enseignements

Sur les intercessions de la femme de Marpa, ce dernier lui accorda de **prendre refuge** et de s'engager sur la Voie. Il lui raconta la vie de son maître, Naropa, et lui dit qu'il n'était pas encore prêt pour une vie d'ascète méditant. À chaque fois que Marpa délivrait des enseignements à ses disciples, Milarépa lui demandait de bien vouloir lui accorder les initiations à lui aussi. La réponse de Marpa était invariablement la même : il le renvoyait à la construction de ses tours, lui disant qu'il ne méritait pas les enseignements rapportés d'Inde lors d'un périlleux voyage. Le temps de la purification n'était pas révolu.

Milarépa, plus désespéré que jamais, allait se suicider quand Marpa lui expliqua enfin que ces épreuves avaient servi à le purifier de tous les méfaits qu'il avait anciennement commis. Il s'engagea à lui octroyer tous les enseignements et à pourvoir à ses besoins quand il serait en retraite. Il lui rasa la tête, lui demanda de suivre les cinq vœux du laïc et lui transmit les six *yogas* de Naropa, les instructions du Mahamudra ainsi que les préceptes de **l'esprit d'éveil** (***bodhicitta***), l'entrée dans le chemin des *bodhisattvas*.

La vie de Milarépa fut dès lors entièrement vouée à la pratique et aux enseignements qu'il avait reçus. La tradition indique que sa peau prit une couleur verte, car il se nourrissait presque exclusivement d'orties. Peu à peu, des disciples lui demandèrent de leur accorder l'enseignement du *dharma*, ce qu'il fit. Ses disciples les plus célèbres furent Rétchoungpa et Gampopa.

Milarépa a aussi gagné la postérité grâce à la beauté de ses chants mystiques. Ces chants racontent comment il a aidé un nombre incalculable d'êtres vivants à cheminer sur la voie de l'Éveil selon leurs qualités propres. Ils étaient surtout un moyen de transmettre le *dharma* à tous ceux qui venaient à sa rencontre dans ses différents ermitages. Après sa mort, ces chants ont été rassemblés dans un livre appelé *Les Cent Mille Chants de Milarépa*.

Pour aller plus loin : *Dharma* – Appel de l'éveil (*bodhicitta*) – Tantra – Prendre refuge – Bouddhisme tibétain.

Milarépa, le tantrika

L'essentiel en 5 secondes

- Milarépa est l'exemple du cheminement spirituel d'un maître tantrique.
- Son histoire est connue pour les épreuves qu'il a dû endurer auprès de son maître Marpa pour se purifier des meurtres commis dans sa jeunesse.
- La beauté de ses Cent Mille Chants mystiques est réputée dans toute la tradition bouddhiste.

47

Trungpa, un maître hors du commun

Une vie peu ordinaire

Chogyam Trungpa (1940-1987) était un être hors du commun, et ainsi fut aussi son parcours de vie[12]. Il est né au Tibet en 1940 ; très vite, son éducation est prise en charge par de grands maîtres de l'époque, Jamgön Kontrul et Dilgo Khyentse Rinpoché, au monastère de Surmang. Il y reçoit les enseignements de deux des grandes écoles du bouddhisme au Tibet, Kagyupa et Nyingma. Sa vocation de moine semble toute tracée quand le Tibet est envahi par les Chinois ; il doit alors abandonner son monastère et fuir comme de nombreux autres vers l'Inde.

En Inde, il complétera son éducation en apprenant l'anglais et décrochera une bourse pour aller étudier, en 1963, à Oxford. Il y apprendra la philosophie, l'histoire des religions et les beaux-arts. À la fin de ses études, Trungpa est donc le premier moine tibétain à être parfaitement acclimaté à la culture occidentale. Il essaiera d'enseigner le bouddhisme en Angleterre, mais il se retrouvera rapidement dans une impasse : il y a un abîme entre lui et ceux qui l'écoutent. Le fait qu'il soit tibétain, moine et qu'il enseigne une doctrine venue d'Orient en fait une figure exotique. Ceux qui l'écoutent sont plus obnubilés par l'attrait de « l'ailleurs » que par le sens profond des enseignements.

C'est alors qu'un accident de voiture vient bouleverser le cours de sa route : après s'être encastré dans un magasin de farces et attrapes, paralysé à jamais du bras et de la jambe gauches, il comprend qu'il va devoir s'y prendre autrement pour jeter un pont au-dessus de l'abîme. Il abandonne alors sa robe de moine, se marie avec une jeune Anglaise et part pour les États-Unis.

12. Pour une biographie de C. Trungpa, voir Midal F., *Trungpa*, Paris, Éd. du Seuil, 2002.

Dénoncer le matérialisme spirituel

À partir de là, la vocation de Trungpa sera d'enseigner la parole du Bouddha aux Occidentaux à partir d'un lieu qui ne laisse aucune place à l'exotisme et à la fascination qui est sa compagne. Il va dénoncer inlassablement ce qu'il va le premier appeler le « matérialisme spirituel ». **Le matérialisme spirituel est le fait de chercher dans les enseignements spirituels une voie pour être plus à l'aise, une voie pour fuir les difficultés inhérentes à toute vie humaine**. La voie spirituelle devient un objet de consommation comme un autre, une morale des bons sentiments, comme une couche de sucre glace qui viendrait parfaire l'apparence d'une vie réussie. Dans ses enseignements, Trungpa n'aura de cesse de pointer ce poison de manière acérée. Il ne laissera aucune possibilité à ses étudiants de s'asseoir dans un confort de façade et d'utiliser le *dharma* pour fuir la réalité.

Les enseignements et les livres de Trungpa sont exemplaires, car, à partir d'un langage auquel ses étudiants peuvent se relier, il va déconstruire la vision d'une voie spirituelle qui serait faite pour se sentir mieux et être plus sage. Trungpa montre que l'enjeu n'est absolument pas là. La voie spirituelle apprend à celui qui la suit à entrer toujours plus profondément en rapport avec la réalité, telle qu'elle est, sans glaçage sucré. Il s'agit d'une part d'apprendre à s'y relier, mais d'autre part et ensuite à danser avec ce qu'elle est, telle qu'elle est.

Pour aller plus loin : *Dharma* – Bouddhisme tibétain – Méditation.

Trungpa, un maître hors du commun

L'essentiel en 5 secondes

- Trungpa est le premier maître tibétain à s'immerger entièrement dans la culture occidentale.

- Il en dénonce le matérialisme spirituel, qui transforme trop souvent la voie spirituelle en un nouvel objet de consommation.

48

L'établissement d'un bouddhisme occidental

L'histoire du bouddhisme suit son cours avec son arrivée en Occident dans la seconde moitié du XXe siècle. Nous avons vu, dans les notions précédentes, que le bouddhisme avait pris, dans chacun des pays où il s'était implanté, un visage propre à la spécificité de sa nouvelle terre d'accueil. Le défi se situe là aujourd'hui : l'instauration d'un bouddhisme proprement occidental.

Il est très important de comprendre que le Bouddha n'a pas transmis une doctrine qui aurait pour vocation d'être intangible et immuable à travers les siècles. Il a pointé une vérité, celle de l'existence de la souffrance, et a montré un chemin possible pour qu'elle cesse. Ce geste inaugural a été rapporté, commenté et structuré par ses disciples, et ensuite ces enseignements ont été déclinés différemment selon les pays et les époques que le bouddhisme a traversés.

Chaque époque donne une coloration particulière au premier constat qu'est cette souffrance fondamentale. Elle prend des formes différentes dans l'Inde du Ve siècle av. J.-C A.-C. et dans le Japon du XIIIe ou l'Occident du XXIe siècle. Le littéralisme (la compréhension littérale des textes) rendrait cette parole absolument déconnectée de l'existence et du monde de la femme et de l'homme d'aujourd'hui. Or, la parole du Bouddha n'a de sens que si elle touche de manière directe le cœur de celui qui l'écoute.

Des maîtres immigrés en Occident, tels que **Trungpa** pour la tradition tibétaine, Suzuki pour la tradition **Zen**, ont bien compris l'enjeu de leur travail de transmission. Ils doivent permettre à leurs étudiants de voir quel est le sens de ces enseignements dans leur existence, là, maintenant, dans leur vie de tous les jours.

Combattre le nihilisme de notre temps

Ce sens ne peut être atteint en faisant l'économie d'un diagnostic très sérieux des maladies de notre monde. Ainsi, Trungpa, portant un regard acéré sur son époque, constate que le monde se déshumanise, que le lien entre l'homme et le sacré se distend dangereusement et qu'il devient difficile d'habiter la Terre à cause de sa destruction progressive. Une chape d'asphalte la recouvre lentement ainsi que le cœur des hommes, faisant le lit des maladies de notre époque : la dépression, le découragement, le manque de confiance.

Trungpa dénonça le rêve de ceux qui voulaient être plus japonais que les maîtres Zen et plus tibétains que le dalaï-lama. Pour la grande majorité d'entre nous, le défi est plutôt d'essayer de vivre dignement dans cette société occidentale, avec son consumérisme, son culte de la vitesse et du divertissement. Pour cela, Trungpa transmit la voie du Bouddha à partir de cet horizon afin qu'apparaisse l'inestimable ressource de cette approche pour l'homme moderne. Il insista particulièrement sur l'importance cruciale de la pratique de la méditation, voie radicale de transformation du rapport au monde de celui qui la pratique.

Pour aller plus loin : *Dharma* – Bouddha – Trungpa – Méditation.

L'établissement d'un bouddhisme occidental

L'essentiel en 5 secondes

- Les enseignements bouddhistes se sont déclinés différemment selon les cultures et les époques afin de garder vive la parole initiale.
- Nous n'avons pas besoin de devenir tibétains ou japonais pour que notre cœur reconnaisse la parole du Bouddha.
- Les maladies de notre époque, telles que le découragement et la dépression, peuvent être surmontées grâce à l'inestimable ressource pour l'homme moderne qu'est la pratique de la méditation.

49

Un vivifiant dialogue…

… avec l'art moderne

Pour répondre à la nécessité de ne pas succomber aux chants des sirènes du dogmatisme, les enseignements ne peuvent se transmettre comme s'ils étaient coupés et indépendants du monde dans lequel ils sont transmis, nous venons de le voir. C'est pourquoi Chogyam **Trungpa** va engager un nourrissant dialogue avec les plus grands représentants de l'art moderne américain. Le bouddhisme va d'ailleurs jouer un rôle important dans les avant-gardes, avec par exemple les haïkus et la poésie contemporaine (Ezra Pound, Ginsberg, Kerouac, Salinger, Oppen, Daumal, Gilbert-Lecomte), le minimalisme (Mondrian, Morris Louis, Newman, Malevitch, Klee, Kandinsky, Braque, Matisse) et la musique sérielle (Feldman, Reich). En effet, la crispation sur le « moi, moi-même et encore moi » empêche de voir les choses telles qu'elles sont et d'entrer en rapport nu et ouvert avec le réel. **Le dialogue avec ceux qui ont tenté d'entrer en rapport direct et sans médiation avec le réel, et qui ont réussi par leur pratique artistique à le manifester, a insufflé un souffle vif dans la transmission du *dharma* en Occident.**

Les poètes tels que Rilke, Mallarmé, Rimbaud, Beaudelaire, Saint-John Perse, Char, Artaud, Gilbert-Lecomte, Olson ou encore Oppen disent cette manière si particulière de se rapporter à la réalité qu'est l'ouverture (voir la notion **vacuité**).

… avec la philosophie

La philosophie, comme le bouddhisme, est une des manières qu'a l'être humain de se rapporter à la réalité. Pour dire la vérité de quelque chose, la philosophie emploie le *logos*. Ce mot vient du verbe grec *legein*, qui est construit sur la racine sanskrite **leg*, signifiant « rassembler, assembler, cueillir ». Les verbes *legere*, *lesen* ou encore *lire* ont la même racine. La « métaphore du Lego » nous aide à comprendre : en effet, jouer aux Lego, c'est assembler les pièces qui vont ensemble, uniquement celles-là, pour faire apparaître la chose que nous voulons montrer. Nous retrouvons d'ailleurs cette même idée de rassemblement dans le mot « cueillette », puisque, lorsque nous partons à la cueillette des fraises des bois, nous choisissons les fruits les plus beaux et les plus mûrs seulement.

Sur le plan de la pensée, l'exercice de la lecture ou de la *parole* désigne la même chose : il s'agit de faire usage de sa raison pour mettre ensemble ce qui doit être mis ensemble afin de faire apparaître quelque chose. Le *logos* grec est donc ce qui rassemble en une unité la diversité du réel et en montre la vérité. Il est la trame intelligible du réel, le chemin, essentiellement pensé, vers la réponse à la question philosophique fondamentale « Qu'est-ce que le réel ? ».

Dans la voie bouddhiste, en revanche, le rapport au réel ne passe pas par la pensée mais par une pratique : la méditation. Elle amène celui qui la pratique à faire l'expérience de la réalité, dénuée de tout commentaire.

Si nous voyons bien qu'il s'agit de deux rapports différents à la réalité, ils partagent pourtant un point commun essentiel : **la philosophie et le bouddhisme sont chacun un chemin de transformation de l'existence et en cela sont des voies spirituelles**. Ils sont tous deux en leur cœur une pratique à laquelle celui qui arpente le chemin peut s'entraîner. Il s'agit de la pratique du questionnement pour la philosophie, éminemment ouverte par Socrate ; et de la pratique de l'attention pour le bouddhisme, transmise par le Bouddha et mise en œuvre par la méditation.

Aujourd'hui, le philosophe Fabrice Midal[13] consacre la majeure partie de ses enseignements à montrer toutes les richesses de la philosophie et de la poésie occidentales pour penser un bouddhisme pour l'Occident.

Pour aller plus loin : *Dharma* – Bouddha – Corpus de textes – Trungpa – Méditation – Vacuité.

13. Midal F., *Comment la philosophie peut nous sauver : 22 méditations décisives*, Paris, Flammarion, 2014.

Un vivifiant dialogue...

L'essentiel en 5 secondes

- La parole du Bouddha doit se transmettre en Occident à partir du sol occidental pour dépasser la fascination de l'exotisme.

- Les artistes modernes (peintres, danseurs, poètes) sont extrêmement inspirants pour penser un bouddhisme occidental.

- Philosophie et bouddhisme sont des voies de transformation de l'existence, la première par la pratique du questionnement, le second par la pratique de l'attention.

50

Une voie laïque

Le bouddhisme est une voie laïque. Cela signifie d'une part qu'il n'est pas constitué autour de la figure d'un dieu et, d'autre part, qu'il n'a pas la vocation de structurer toute la vie sociale, comme le ferait une religion. Nous l'avons montré tout au long de ces cinquante notions, le bouddhisme n'offre pas de solution miracle, pas de salut, pas de promesse, pas de certitude. Or, dans la perspective théiste, c'est le plus souvent l'espoir de lendemains meilleurs qui fait avancer le croyant dans son existence. Tout son rapport au monde est organisé dans cet horizon. La perte du lien avec le présent vivant est une des conséquences directes de cette disposition d'être.

Le bouddhisme est **une voie spirituelle non théiste** qui montre la vérité de notre expérience dans sa plus grande nudité. Les enseignements invitent à entrer au cœur de la réalité et à en apprécier toute la saveur – que le goût en soit amer ou sucré ne fait aucune différence.

Le bouddhisme est **une tradition** en ce sens qu'il se transmet depuis des temps immémoriaux de maîtres à disciples, de pratiquants à pratiquants. Le cœur même de cette transmission est la pratique de la méditation. Cette pratique est une voie de transformation de l'être même du pratiquant, de son rapport à son existence et au monde dans lequel il vit. Par la pratique, il est possible d'apprendre à habiter l'incertitude fondamentale de l'existence sans en être déprimé ou découragé. Au contraire, l'entraînement à la présence amène le pratiquant à développer un sens de courage et de confiance dans l'expérience telle qu'elle est.

La parole du Bouddha éveille tout être humain à la possibilité de développer sa propre intelligence pour entrer en rapport avec le monde et assumer ainsi pleinement son humanité.

Pour aller plus loin : Le bouddhisme, une philosophie, une religion ? Ni l'une ni l'autre ! – *Dharma* – Bouddha – Méditation.

Une voie laïque

L'essentiel en 5 secondes

- Les enseignements bouddhistes ne proposent ni promesses ni consolations mais ouvrent un chemin de transformation.

- Sa pratique centrale, la méditation, apprend à vivre sans avoir besoin d'être consolé par de vaines promesses.

- La voie bouddhiste n'est pas une religion qui structurerait toute la vie sociale mais une voie spirituelle traditionnelle et non théiste.

Remerciements

Avoir l'occasion de dire « merci » est pour un être humain le plus beau des cadeaux. Mon infinie gratitude va aux maîtres qui m'ont transmis le *Dharma* ; ainsi, mon cœur n'est qu'un merci pour Lama Karta Rinpoché, Traleg Kyabgon Rinpoché et Fabrice Midal, de qui j'ai reçu directement ce joyau.

Par son travail d'avant-garde dans l'établissement d'un bouddhisme pour l'Occident, Chogyam Trungpa éclaire mon chemin des rayons du Soleil du Grand Est ; puisse-t-il en être remercié, de même que Tenzin Gyatso, XIV Dalaï-Lama, dont la simplicité, l'humour, la bienveillance et la rigueur ont marqué décisivement ma route de pratiquante.

Marie-Laurence Cattoire et Bruno Venzal m'ont offert le plus beau cadeau pour qui écrit, un lieu animé du chant des oiseaux, propice à la méditation et au travail. Puissent les années nous accorder encore de nombreux et tendres moments baignés de la chaleur de l'amitié.

Au sein de l'École occidentale de méditation, le travail accompli par Fabrice Midal et les philosophes François Fédier, Hadrien France-Lanord et Alexis Lavis est une source inépuisable d'inspiration ; qu'ils en soient vivement remerciés. L'enthousiasme joyeux des membres de l'École pour ce projet a vivifié le courage en moi lorsqu'il le fallait, je remercie donc toutes celles et tous ceux qui portent le *Dharma* rivé au cœur.

Puisse mon éditeur, Laurent Boudin, être remercié de la confiance directe et spontanée qu'il m'a témoignée dès les premiers instants : cette entente a été essentielle au travail. Et comme un livre n'est rien sans ses lecteurs, je remercie très affectueusement et chaleureusement les tout premiers d'entre eux, Sophie De Gronckel, Gaëtan Van Landewyck et Bruno Toussaint.

Je tiens enfin à remercier tout particulièrement mon fils Maxime et mes parents pour leur indispensable et indéfectible soutien.

Puisse ce livre être bénéfique à tous ceux qui le liront !

Bibliographie

Les grands textes bouddhiques

GAMPOPA SEUNAM RINCHEN, *Le Précieux Ornement de la libération*, Paris, Padamkara, 2008.

NÂGÂRJUNA, *Traité du milieu*, trad. par G. Driessens, Paris, Éd. du Seuil, 1995.

SHANTIDEVA, *Vivre en héros pour l'éveil*, Paris, Éd. du Seuil, 1993.

SILBURN L., *Aux sources du bouddhisme*, Paris, Fayard, 1997.

Soûtra du Lotus (Le), trad. J.-N. Robert, Paris, Fayard, 1997 (*Saddharma-pundarika-sutra*).

Soûtra du Diamant et autres soûtras de la voie médiane, trad. P. Carré et P. Cornu, Paris, Fayard, 2001.

Histoire des bouddhismes

BARREAU A., *En suivant le Bouddha*, Paris, D. P. Lebaud, 2000.

CORNU P., *La Terre du Bouddha*, Paris, Éd. du Seuil, 2004.

KALOU RINPOCHÉ, *La Voie du Bouddha selon la tradition tibétaine*, Paris, Éd. du Seuil, 1993.

LAVIS A., *L'Espace de la pensée chinoise*, Paris, Oxus, 2010.

SUZUKI D. T., *Essai sur le bouddhisme Zen*, Paris, Albin Michel, 1940-1943.

TICH NHAT HANH, *Le Cœur des enseignements du Bouddha*, Paris, Pocket (La Table Ronde), 1998.

La doctrine bouddhique

DALAÏ-LAMA, *Dzogchen*, Paris, Éd. du Seuil, 2005.

GIRA D., *Comprendre le bouddhisme*, Paris, Bayard, 1995.

LAMA GUENDUNE RINPOCHÉ, *Mahamoudra*, Paris, Pocket (Lattès), 1997.

LONGCHENPA, *La Liberté naturelle de l'esprit*, trad. P. Cornu, Paris, Éd. du Seuil, 1994.

NÂGÂRJUNA, *Les Stances fondamentales de la Voie médiane*, Plazac, Padmakara, 2007.

SUZUKI S., *Esprit Zen, esprit neuf*, Paris, Éd. du Seuil, 1977.

TRALEG KYABGON RINPOCHÉ, *Au cœur du bouddhisme*, Huy, Éd. Kunchab, 2004.

TRUNGPA C., *Pratique de la voie tibétaine*, Paris, Éd. du Seuil, 1976.

TRUNGPA C., *Le chemin est le but*, Paris, Éd. du Seuil, 2006.

TSULTRIM KHENPO, *Pratique de la voie tibétaine*, Paris, Éd. du Seuil, 1976.

WALPOLA R., *L'Enseignement du Bouddha d'après les textes les plus anciens*, Paris, Éd. du Seuil, 1986.

WIJAYARATNA M., *La Philosophie du Bouddha*, Paris, Lis, 2000.

Bouddhisme et Occident

BATCHELOR S., *Versets jaillis du centre. Une vision bouddhiste du sublime*, Huy, Éd. Kunchab, 2001.

CATTOIRE M.-L., *La méditation, c'est malin*, Paris, Éd. Quotidien Malin, 2014.

CATTOIRE M.-L., *La Méditation de la bienveillance, prendre soin des autres… et de soi*, Paris, Leduc.s Éditions, coll. « Malin », 2015.

CHÖDRON P., *Conseils d'une amie pour des temps difficiles*, Paris, Pocket, 2003.

CLERC H., *Les Choses comme elles sont. Une initiation au bouddhisme ordinaire*, Paris, Folio, 2011.

GIRA D. ET MIDAL F., *Jésus-Bouddha. Quelle rencontre possible ?*, Paris, Bayard, 2006.

KORNFIELD J., *Dharma vivant*, Genève, Éd. Vivez Soleil, 2001.

MIDAL F., *Quel bouddhisme pour l'Occident ?*, Paris, Éd. du Seuil, 2006.

MIDAL F., *Mandala. Retrouver l'unité du monde*, Paris, Éd. du Seuil, 2010.

MIDAL F., *Comment être bouddhiste ?*, Paris, Pocket, 2014.

MIDAL F., *La Méditation*, Paris, PUF, coll. « Que sais-je ? », 2014.

SCHEUER J., *Un chrétien dans les pas du Bouddha*, Bruxelles, Lessius, 2009.

TRUNGPA C., *Méditation en action*, Paris, Éd. du Seuil, 1981.

TRUNGPA C., *Shambala : la voie sacrée du guerrier*, Paris, Éd. du Seuil, 2004.

TRUNGPA C., *Folle sagesse*, Paris, Éd. du Seuil, 1993.

VARELA F., *Invitation aux sciences cognitives*, Paris, Éd. du Seuil, 1997.

Index

Hinayana : voir Nobles Vérités, Non-ego.

Mahayana : voir Appel de l'Éveil, Vacuité.

Mandala : voir Tantra.

Méditation : voir Méditation juste, Méditation, ce qu'elle n'est pas, Méditation, un éclairage étymologique, Méditation, pourquoi s'y mettre, Présence attentive, Éthique et méditation.

Milarépa : voir Milarépa, le tantrika.

Noble Vérité : Première Noble Vérité, Deuxième Noble Vérité, Troisième et Quatrième Nobles Vérités, Dharma.

Octuple Sentier : voir Troisième et Quatrième Nobles Vérités.

Philosophie : voir Bouddhisme, une philosophie, une religion ? Ni l'un ni l'autre !

Prendre refuge : voir Bouddha, Dharma.

Religion : voir Bouddhisme, une philosophie, une religion ? Ni l'un ni l'autre !

Sangha : voir Prendre refuge.

Six traversées (paramitas) : voir Mahayana.

Soûtras : voir Le corpus de textes : le Tripitaka.

Tantra : voir Le Tantra, la voie de l'intrépidité.

Tathagatagarbha : Tantra.

Theravada : voir Bouddhisme en Asie du Sud-Est, le Theravada.

Tripitaka : voir Le corpus de textes : le Triptaka.

Tours de Roue : voir Dharma, Les trois Tours de Roue et les Trois Véhicules, Nobles Vérités, La Vacuité, Tathagatagarbha.